• 리더의 결정은 실패가 많다 •

성공하는 결정,
실패하는 결정

리더의 결정은 실패가 많다
성공하는 결정, 실패하는 결정

초판 1쇄 | 2019년 12월 2일 발행
초판 2쇄 | 2019년 12월 10일 발행
지은이 | 최재성
펴낸이 | 김현종
펴낸곳 | (주)메디치미디어
등록일 | 2008년 8월 20일 제300-2008-76호
주소 | 서울시 종로구 사직로 9길 22 2층(필운동 32-1)
전화 | 02-735-3315(편집) 02-735-3308(마케팅)
팩스 | 02-735-3309
전자우편·원고투고 | medici@medicimedia.co.kr
페이스북 | www.facebook.com/medicimedia
홈페이지 | www.medicimedia.co.kr

기획 및 편집 | 배소라, 이병렬
마케팅 홍보 | 김성현, 고광일
경영지원 | 조현주, 김다나

디자인 | ALL designgroup
인쇄 | 천광인쇄사

ⓒ최재성, 2019
ISBN 979-11-5706-179-2 03340

● 리더의 결정은 실패가 많다 ●

성공하는 결정,
실패하는 결정

최재성 지음

비타베아타

　나는 2권의 책을 냈다. 하나는 2010년 6월에 나온 《최재성 브리핑: 13초의 승부사》이다. 2007년 2월 열린우리당 대변인이 된 이후 대통합민주신당 원내대변인, 민주당 대변인으로 2010년 2월까지 3년 동안 민주개혁정당의 '입' 역할을 하면서 모은 논평 모음이다. 또 하나는 2011년 12월에 나온 《지금 만날까요?: 최재성의 유쾌한 SNS 소통》이다. 트위터와 아임IN과 같은 SNS에 올린 글들을 모은 것이다. 정치 이야기뿐만 아니라 축구와 단골 맛집, 삶의 터전이었던 남양주 이야기 등이 담겨 있다.

　이전에 낸 책들이 공식적으로든 비공식적으로든 이미 세상에 나왔던 글들을 모은 것이라는 점에서 이번에 집필한 《성공하는 결정 실패하는 결정》은 사실상 내가 낸 첫 책이라고 할 수 있다.

사람은 누구나 매 순간 어떤 일이든 선택을 해야 하고 결정을 하면서 산다. 결정을 하기 위해서는 판단의 틀이 필요하다. 그런데 판단의 틀이 낡으면 잘못된 결정을 할 가능성이 높아진다. 과거의 틀에 얽매여 관행적 사고를 하게 되면 결코 교조적 행태에서 벗어날 수 없다. 세상의 변화에 맞게 판단의 틀도 계속 바꿔나가야 한다. 그러기 위해서는 세상의 변화를 정확하게 읽을 필요가 있다. 나 역시 결정의 틀을 가다듬기 위해 시대와 문명적 변화의 원리를 이해해야 했다. 이 책에는 내가 세상의 변화를 어떻게 읽었는지, 세상의 변화에 따라 판단의 틀을 어떻게 바꿨는지, 바뀐 판단의 틀에 따라 중요한 순간에 어떻게 결정을 해왔는지에 관한 이야기가 담겨 있다.

1장은 결정의 전제에 관한 이야기이다. 2008년 미국산 쇠고기 수입 반대 촛불 시위 때 나는 문명적 변화를 목격했다. 스마트폰이 등장하면서 집회와 시위는 어느 특정 단체가 주도하지 않고 자유로운 개인들이 주도하게 되었다. 가까이는 2016년 국정농단 촛불시위의 현장에서도 우리는 스마트폰의 위력을 실감했다. 스마트폰은 중간 매개자 없이 시위에 참여한 시민들의 직접 소통을 가능하게 해줬다. 이렇게 개인들 간의 네트워크가 빠르게 확산되는 시대에는 정치와 정당도 시대에 맞게 변화해야 한다는 생각이 들었다.

그 이후로 나는 낡은 정당 문화를 타파하기 위한 정당 개혁 활동에 매진해왔다. 새롭게 변화한 정당 문화에 걸맞은 수평적 리더십도 필요했다. 그때 등장한 인물이 문재인 대통령이었다. 1장에서는 문재인 대통령과의 만남부터 대선까지의 과정, 그리고 그 중간에 당 사무총장으로서 새로운 인재 영입의 과정까지 우리가 함께 겪은 문명적 변화와 그에 대한 대응을 집중적으로 다뤘다.

2장은 성공한 결정에 관한 이야기이다. 나는 2004년 총선부터 2018년 보궐선거까지 4번의 국회의원 선거에 출마해 모두 당선됐다. 그 과정에서 끊임없이 고민하고 실천하며 체득한 성공적인 결정의 전략을 소개한다. 사람은 누구나 자기중심적으로 사고하는 경향이 있다. 때로는 수세에 몰려 상대방을 공격하다 스스로의 위치를 깎아내리는 오류를 범하기도 한다. 이 모든 것이 상대방과 나에 대한 이해가 부족하기 때문에 생기는 일이다.

제대로 된 전략을 세우기 위해서는 정확하고 객관적인 상황 판단과 나와 상대방에 대한 이해가 필요하다. 시대를 읽고 시기와 상대를 살피며 전략을 세우는 내 나름의 방법을 소개한다. 이는 비단 정치인뿐만 아니라 누구든 살아가면서 필요한 기술이다. 이와 같은 전략적 사고방식으로 슬로건을 세우고 키워드를 정해 전략을 수립하는 과정을 성공한 결정의 사례를 들어 상세하게 소개했다.

3장은 선택에 관한 이야기이다. 정치에 뛰어들었으면 항상 누군가와 대결을 해야 한다. 모든 결정은 이기기 위한 결정이어야 한다. 여기서 '이긴다'는 것은 '당선'만을 이야기하는 것은 아니다. 아무리 애를 써도 이길 수 없는 상황에 처할 수도 있다. 그럴 때는 내가 지더라도 다른 모두가 이길 수 있는 길을 찾아야 한다. 그것도 어려우면 잘 지는 길을 가야 한다.

나는 국회의원 선거에서 모두 당선됐지만, 정치에 입문한 뒤 참여한 대통령 선거에서는 민주당의 패배를 두 번 맛봤다. 2016년 총선에서는 당의 승리를 위해 불출마를 선언하기도 했다. 때로는 양보를 해서 이기는 길도 있다. 저도 잘 져야 다음에 이길 수 있는 길을 마련할 수 있다는 이야기이다.

4장은 정치인이 쉽게 빠지는 결정의 오류에 대한 이야기이다. 2020년에는 총선거가 실시되고 곧 대선 정국에 돌입할 것이다. 주요 정치인들이 중요한 국면에서 어떤 결정을 내렸고, 그 결정이 어떤 결과를 낳았는지 살펴봄으로써 시대가 요구하는 리더십이 어떤 것인지 타산지석으로 삼고자 했다. 정치인이 아니더라도 4장에서 다룬 정치인들에 관한 이야기를 통해 일반 시민들도 한국 정치의 현주소를 엿볼 수 있을 것이다.

내가 항상 옳은 결정만 내리고 항상 승리만 해온 것은 결코 아니다. 나는 유독 당내 선거에서 취약했다. 2018년 보궐 선거에서 당선된 뒤 나는 이해찬 대표가 출마할 것을 예상하지 못하고 당 전당대회에 출사표를 던졌다. 주변에서는 지지층이 겹친다고 우려를 표했고 역시 그 우려대로 나는 컷오프를 통과하지 못했다. 욕심이 앞서 생긴 결정의 오류였다. 2016년 당 사무총장 때부터 매진해온 정당 개혁을 완수하기 위해 당 대표에 도전해야 한다는 생각에만 빠져 있던 탓에, 나를 둘러싼 객관적인 상황을 냉정하게 분석하지 못했기 때문에 생긴 실수였다.

우리는 스마트폰 혁명을 넘어서 4차 산업혁명의 문턱에서 모든 것이 연결되는 초연결의 시대를 맞이하고 있다. 문명적 변화라 부를 만큼 세상의 변화 속도가 빠르고 폭이 크기 때문에 개인 대 개인, 집단 대 집단의 갈등도 점점 고조되고 있다. 시대가 바뀌면 사고의 방식도 바뀌어야 한다. 정치인으로서 이 화두에 대한 고민의 끈을 놓을 수 없었고 내가 할 수 있는 일들을 찾아야 했다. 그중 하나가 정치개혁이었다.

시대에 맞는 정치가 필요했고 정치에도 변화의 흐름이 대입돼야 한다. 나는 문명적 변화에 걸맞은 리더십은 무엇인지, 그 리더십을 갖추기 위해서는 어떤 노력을 해야 하는지, 또한 리더십을 완성하기 위한 결정의 기술은 무엇인지 끊임없이 고민해왔다. 그리고 수많은 세월과 각고의 노력을 통해 얻은 내 나름의 결론을 이 책에 담았다.

이 책이 긍정적인 영향을 미쳐 우리 정치와 정당이 발전하는 데 작은 초석이 될 수 있기를 바란다.

2019년 12월
여의도에서 최재성

CONTENTS

성공한 결정

4

리더의 결정은 실패가 많다

1

결정의 전제: 문명, 시대, 사람

모바일 혁명과 정당의 변화

최초의 상향식 공천을 통해 정치에 입문하다

나는 어떤 계기로 정치에 뛰어들게 된 것일까. 오늘날의 내가 있기까지 수많은 결정의 순간들이 있었겠지만 지금 이 순간 떠오르는 지난날은 고등학교 시절이다. 내가 다니던 고등학교 역사 선생님은 '의식 있는' 선생님이었다. 1980년대 일어났던 이른바 '민중교육지 사건'에 연루되었던 분이다. 그 선생님에게서 《해방전후사의 인식》, 《우상과 이성》, 《세계사 편력》, 《전환시대의 논리》 같은 책을 선물 받았다. 사회를 바라보는 새로운 인식이 생긴 계기였다.

내가 그런 책을 읽고 있으니 집안에서는 "재성이 대학 가면 데모한다"고 난리가 났다. 부모님의 걱정을 알았기 때문에 대학교 1학년

성공하는 결정, 실패하는 결정

때는 학생운동과 거리를 둘 수밖에 없었다. 그런데 암울한 사회의 현실을 외면한 채 살려고 하니 답답함과 무력감에 너무 괴로웠다. 그리 오래 버티지는 못했다. 1학년 늦가을 나는 결국 학생운동에 뛰어들었다.

학생운동을 시작할 때 '정치를 하겠다'라는 결심을 한 것은 아니었다. 그 시절 사회의 모순과 불의에 항거하는 것이 내 의식에서는 당연한 책무처럼 여겨졌다. 서민들의 삶에 더 가까이 가겠다는 생각에 단순 막노동부터 노점상, 공장 노동자, 배추장사, 신발장사, 포장마차 등 안 해본 일이 없었다. 5년 동안 20개 가까운 일을 한 셈이었다.

물론 정치에 대한 뜻이 아예 없지는 않았다. 서민들의 고단한 삶을 직접 체험하면서 세상이 더 나은 곳이 되도록 공적인 역할을 해야겠다는 책임감을 갖게 되었다. 그런 책임감과 의무감으로 경기도 남양주 지역에서 시민운동을 하던 무렵, 노무현 대통령의 당선이 내게 정치에 입문할 수 있는 결정적 계기를 마련해주었다.

사실 그 시절에는 정치에 입문하는 것이 쉽지 않았다. 굵직한 정치인들을 중심으로 계파가 나뉘어져 있었고, 그 계보에 들지 않으면 공천을 받을 수도 없었다. 능력도 안 되었지만 그러한 계파 정치에 대한 거부감도 있었다. 노무현 대통령 이전에도 1990년대 후반부터 '젊은 피 수혈'이라고 해서 김민석, 송영길, 임종석, 오영식, 우상호 등 학생운동권 출신의 유명 인사들이 제도권 정치에 데뷔하기는 했지만 이들도 대부분 발탁과 영입의 과정을 거쳤다. 대부분의 공천은 위에서 아래로 내리꽂는 하향식 공천이었다.

그러나 노무현 대통령은 스스로를 '구 정치의 막내'라고 선언하며 과거 구태 정치와의 절연을 선언했다. 열린우리당이 창당되면서 정당 시스템에도 많은 개혁이 이루어졌다. 2004년 총선에서 실질적인 상향식 공천이 처음 실시되었고 내게도 '기회를 잡을 수 있는 기회'가 생긴 것이다. 나는 경선을 통해 처음으로 국회에 진출할 수 있었다.

나 외에도 많은 정치 신인들이 그때 국회에 진출했다. 나는 '문명적 변화'에 대한 관심이 매우 높은 편이다. 그리고 문명적 변화를 분석하고 적응하기 위한 노력을 게을리하지 않았다.

제도권 정치에 입문한 뒤 문명적 변화에 대해 본격적으로 고민하기 시작한 결정적 계기는 2008년 이른바 '광우병 시위'였다. 당시 문화적 측면에서 시위는 이전과 완전히 다른 양상으로 전개되었다. 김대중 대통령은 광우병 시위를 보면서 "이제 인터넷과 스마트폰이 직접 민주주의 시대를 열었다"라고 진단했다.

그전까지만 해도 시위에는 '주최 단체'가 있어서 주최 측의 전략과 계획에 따라 날짜와 시간, 장소와 동선, 참여 단체의 위치와 역할, 구호가 모두 정해져 있었다. 시위 참가자들은 주최 측이 주도하는 대로만 조직적으로 움직였다. 그런데 인터넷과 온라인 커뮤니티가 활성화되면서 시민들이 개별적으로 소통하고 움직이면서 시위에 참가하는 현상이 나타났다.

여러 단체와 조직이 모여 시위를 계획하는 것이 아니라, 누구인지도 모르는 사람이 인터넷에 "광화문으로 가자"라고 제안하면 이에 동의하는 사람들이 개인적으로 참가하거나, 삼삼오오 소그룹을 지어 자발적으로 참가했다. 시위에서도 주최 측의 계획에 따라 조직적으로 움직이는 것이 아니라, 개인이나 소그룹 인원들이 따로 모여 토론도 하고 밴드를 구성해 음악을 연주하기도 하는 등 완전히 새로운 풍경이 나타났다.

과거 주최 단체가 명확한 시절의 정형화된 형태로 존재하던 시위가 아니었다. 게다가 자발적인 참여임에도 시위 참가 인원의 규모가 어마어마했다. 이렇게 많은 사람들이 모이는데도 질서가 유지되었다. 모바일 혁명과 소셜네트워크의 발달은 이러한 시위문화를 가속화했다. 소수의 과격한 행동이 나오기도 했지만 과거 최루탄과 쇠파이프, 화염병이 난무하던 시절과는 비교 자체가 불가능했다.

예전에는 도저히 상상할 수 없는 모습이었다. 이런 시위가 가능하다는 것이 신기할 정도였다. 통신 기술의 발달에 따른 문명적 변화가 시위의 양상까지 바꾼 것이었다. 특히 주최 측의 목표와 전술에 의해 하향식 의사결정으로 움직이는 시위가 아니라, 시민들의 자발적인 문제제기와 의견 교환으로 이뤄지는 상향식 의사결정이 나타나는 점이 인상 깊었다. 나는 적지 않은 충격을 받았다. 나는 이런 현상을 두고 '비정형의 예술'이라고 말한 적이 있다. 작은 단위들이 융복합되어 큰 흐름을 만들어간 것이다.

디지털 문명에 적합한 정당 시스템을 만들자

2008년 이후 스마트폰의 급격한 확산으로 디지털 융합 문명이 시작되었는데 여기에 맞는 정치는 무엇인가, 시대와 문명적 흐름에 맞는 정치는 무엇인가에 대한 고민이 시작되었다. 오랜 고민과 학습을 한 뒤 2012년부터 이 문명적 흐름을 정당에 어떻게 구현할 것인가를 토론하고 도입하기 시작했다. 오프라인과 온라인이 통합된 플랫폼 정당으로 변환해야 한다는 주장을 펼쳤고, 당헌당규 개정을 통해 시대에 맞는 정당의 흐름을 어떻게 만들지 제안했고, 일부 반영되어 실제로 당헌당규가 바뀌기도 했다. 전당대회가 열릴 때마다 정당 내부에 직접 민주주의적 요소를 강화하기 위한 노력을 기울여 왔다.

직접민주주의의 예로 자주 등장하는 곳이 스위스이다. 스위스에서는 '란츠게마인데 Landsgemeinde'라고 해서 주요한 사안을 주민들이 모여 토론하고 직접 투표하는 국민투표제가 실시되고 있다. 그런데 사람들은 스위스에서 직접민주주의가 가능한 건 인구가 적기 때문이라고 말한다. 스위스 인구는 850만 명이다. 그러나 디지털 문명 시대에는 인구가 5,000만 명이나 850만 명이라고 해서 별다른 차이가 나지 않는다. 300평짜리 마트에는 500명 이상이 들어갈 수 없지만, 온라인 쇼핑몰은 차원이 다르다. 서버의 용량에 따라 다르겠지만 한번에 1,000명, 1만 명도 동시에 쇼핑을 할 수 있다. 과거에는 공간적·시간적 제약 때문에 국민의 대표자를 뽑아 맡기는 대의제도를 선택했지만, 더 이상 시공간이 문제가 아닌 시대이다.

그런데 우리는 '대의제도'가 민주주의의 전부라는 관행적 사고에 젖어서 직접민주주의의 가능성을 시도조차 하지 못하고 있었다. 대표자가 의사결정을 하는 대의민주주의와 구성원 전체가 합의에 의해 의사결정을 하는 직접민주주의의 판단 오류가 어느 정도인지 아직까지 제대로 분석해본 적도 없다.

일각에서는 "전체 구성원이 의사결정에 참여하게 되면 대중 추수적인 '포퓰리즘'에 빠져 엉뚱한 결정을 하게 된다"라고 하지만, 이는 엘리트주의적인 발상이다. 이에 대한 증거도 논거도 없다. 나는 오히려 대표자들이 저지르는 오류가 더 많다고 생각한다.

지금까지 인류 역사상 소수의 대표자들이 저지른 엄청난 결정 과정의 실수들을 생각해보라. 단 한 번이라도 구성원 전체의 합의에 의해 전쟁을 일으킨 적이 있었나. 전쟁은 모두 극소수의 권력자 혹은 대표자들이 결정한 것이다.

직접 민주주의를 하면 결정의 수준이 떨어진다고 하는 주장 역시 "대표자들은 일반 구성원에 비해 우월하다"라는 근거 없는 엘리트주의를 전제로 깔고 있는 셈이다. 디지털 혁명에 의해 무한한 정보 공유가 가능해지면서 집단지성이 전문가나 대표자를 뛰어넘는 시대가 되었다.

우리가 맞이한 새로운 시대는 모든 것이 '나'로부터 시작하는 문명이다. 과거에는 아침에 일어나서 신문이나 TV밖에 볼 게 없었다. 신문을 보거나 TV를 켤 때는 나와 개인적으로 연관이 없는 사람들이 생산한 정보와 의견에 일방적으로 노출된다. 그러나 지금은 아침에 일어나서 스마트폰을 가장 먼저 본다. 스마트폰을 켜서 가장 먼저 보는 것은 '카톡방'과 같은 메신저이거나 페이스북이나 트위터 같은 소셜 네트워크이다. 이들은 정도에 따라 다르지만 나와 가깝거나 공통점이 있는 네트워크에 속한 사람들의 공동체이다. 이 네트워크 구조에서 사회적 관계가 시작되는데, 중요한 점은 모든 네트워크의 시작은 '나'로부터 이뤄진다는 점이다. 중간자가 필요 없는 시대이다.

교통과 통신이 불편하던 시절에 디자인된 대의제 민주주의는 지금 시대의 문명적 변화를 담아내는 데는 한계가 있는 제도다. 전 세계적으로 정당의 당원 수가 줄어들고 있는 것은 공통된 현상이다. 대의제 시대에 설계된 정당 시스템이 현재의 문명에 맞지 않기 때문이다.

오늘날과 같이 정보의 유통이 빠르고 직접 소통이 가능한 시대에 '임기 4년'짜리 대표자를 뽑아놓고, 정작 뽑은 사람은 4년 동안 아무런 개입을 할 수 없는 구조는 시대에 맞지 않는다. 그럼에도 불구하고 낡은 대의제를 고집하다 보니 기존의 정치 기득권 세력과 시민들 간에 인식차가 크게 벌어졌고, 정당에 대한 불신이 한계 수준을 넘어서고 있는 것이다. 기존 정치 세력은 그저 '찌질한 꼰대'로 인식되기 시작한 것이다. 이미 벌어진 격차를 줄이려는 노력을 하지 않는다면 정당은 더 이상 버틸 수 없다는 게 명확했다.

직접민주주의가 대의민주주의를 완전히 대체할 수는 없겠지만, 문명적 변화에 맞는 직접민주주의의 제도적 보완이 반드시 이뤄져야 한다. 이게 나의 '문명적 변화'에 대한 결론이었다. 그리고 결정했다. 내가 속한 당을 문명적 변화에 걸맞은 정당으로 변화시키기로.

새로운 정당의 3가지 키워드: 플랫폼, 직접민주주의, 시스템

소수의 기득권 엘리트가 독점한 기존 정당 시스템

기존의 정당 시스템은 엉망이었다. 가장 큰 문제점은 선출되지 않은 대표자가 너무 많고, 이들에게 너무 많은 권력이 집중되어 있다는 점이었다. 겉으로 보기에는 전당대회로 당 대표를 선출하고 최고위원, 시도당 위원장을 투표로 선출하니까 대의제를 잘 구현하고 있는 것 같다. 그런데 자세히 들여다보면 당무위원회, 중앙위원회 등 당의 중요한 의사결정을 하는 기구들은 선출되지 않은 인사들이 장악하고 있다.

최고위원회는 사실 국가로 치면 행정부 같은 기관이다. 당의 주요 결정 사항을 집행하는 쪽에 가깝다. 국가의 헌법에 해당되는 것이 당헌인데, 당헌 제정이나 개정은 전당대회에서 결정된다. 그런데 당헌 개정 사안이 생길 때마다 전당대회를 열 수 없으니 중앙위원회에서 당헌 개정 사항을 의결한다. 중앙위원회는 당연직 위원들로 구성되어 있다.

국가의 개별 법률에 해당되는 것이 당규인데, 당규는 당무위원회를 거쳐 결정된다. 당무위원회가 의결 기구이지만 사실상 최고위원회에 종속되어 있는 구조다. 그래서 최고위원회를 장악하기 위해 다들 그렇게 애쓰는 것이다. 권력을 행사하려면 구성원들의 위임을 받아야 한다. 그 과정이 선거이고 투표이다. 그런데 선거를 통해 선출된 권력은 극소수에 불과하다. 대부분의 권한은 당 대표에게 집중된다. 사실상 소수 엘리트 기득권에 의한 과두제 상태인 것이다. 대의제를 택하고 있지만 그 대의제마저 본질이 왜곡되어 있는 셈이다.

민주주의 사회에서 정당은 대의제 민주주의이든 직접민주주의든 민주주의를 가장 잘해야 하는 집단이다. 게다가 정당은 당이 추구하는 하나의 이념을 당원들이 공유하는 동질적 공동체이기 때문에 민주주의를 가장 잘할 수 있는 집단이기도 하다. 그런데 직접민주주의 도입은 차치하고라도 대의민주주의 시스템조차 정상적으로 만들어내지 못하고 있는 것은 소수의 기득권 세력이 오랫동안 군림하며 지배해왔기 때문이다. 그래서 혁신이 이뤄지지 않는 것이다.

권리당원제로 출발한 개혁당 출신의 유시민 의원이 열린우리당에 합류해 "전당대회에서 대의원과 중앙위원을 선출해야 한다"라고 주장해서 일부 실시되기도 했지만 권리당원의 숫자가 많지 않아 실효성이 떨어졌다. 당원들이 결정할 수 있는 것은 사실상 전당대회에서 뽑는 당 대표일 뿐, 당 운영과 중요한 의사결정에 참여할 수 있는 통로가 하나도 없었다.

게다가 주요 당직은 대부분 현역 국회의원이 맡는다. 현역 의원이 비 현역 의원보다 의정활동은 잘하겠지만, 당 운영까지 잘할 것이라는 근거는 어디에도 없다. 그럼에도 불구하고 현역 국회의원은 지역위원장도 하고 중앙위원도 하고, 거의 모든 당직을 과점하고 있다. 이 또한 민주주의 원칙에 어긋난다. 이는 행정부처 장관이 국회의원도 하고 법관도 하고, 검사도 하고, 감사원장도 하는 모양새이기 때문이다. 가끔 원외 인사나 신인이 보직을 맡는 경우도 있으나 극히 일부 사례에 불과했다.

일례를 들자면 손혜원 의원이 영입되기 전까지는 홍보위원장도 현역 국회의원이 맡았다. 현역 국회의원 중에 홍보 전문가가 있으면 다행이지만, 대부분은 '홍보'의 '홍'자도 모르는 국회의원이 자리를 꿰차고 있었다. 그래봤자 이유라는 것이 "현역 국회의원이어야 말발이 먹힌다"라는 게 전부였다.

그러다 보니 인재 영입의 통로도 막힌다. 김대중 대통령 때 그나마 정치 신인들을 등용하기도 했지만 제도나 시스템이 아닌 개인의 선의와 통찰에 따른 등용이었다. 당직은 인재 영입과 육성의 중요한 통로이기도 하다. 이 통로를 현역 국회의원들이 다 막고 있으니 인재 영입은 안 되고 소수의 기득권 엘리트들의 독점 상태가 지속되어온 것이다.

신인이 정치에 입문하기 위한 가장 좋은 방법은 당직을 통해 정치 수업을 받은 뒤 공천을 받고 선거를 통해 국민의 대표로 선출되는 것이다. 그러나 이런 정당 시스템에서는 누군가의 눈에 띄어야 한다. '운이 7할, 실력이 3할', '운칠기삼運七技三'이라고 하지만 실력이 아니라 운에 의존하는 현실에서 인재가 나올 수는 없다. 문명적 흐름에 전혀 맞지 않는 것이다. 그런 측면에서 문재인 대표와의 만남은 당에 문명적 변화의 바람을 불러일으키는 소중한 계기가 되었다.

나는 원래 '친노'도 아니고 '친문'도 아니었다. 굳이 언론에서 구분하는 식으로 계파를 따지자면 '친 정세균계'에 가까웠다. 2008년 정세균 대표 때 대변인을 맡았고, 2012년 민주당 대선경선에서 정세균 후보 선대위 전략기획위원장을 맡았었다. 그러던 내가 '친문'으로 불리게 된 것은 2015년 2월 전당대회에서 대표로 선출된 문재인 대표가 나를 네트워크 정당 추진단장에 임명하면서부터이다. 그래서인지 언론에서는 나를 '친문'이라 하지 않고 '新친문', '汎친문'이라고 불렀다.

문재인 대표에게서 새로운 리더십을 보다

내가 그 시절 고질적인 계파 갈등에 대한 부정적 시각에도 아랑곳하지 않고 문재인 대표의 요청에 응한 이유는 문재인 대표에게서 새로운 시대에 맞는 리더십을 보았기 때문이다. 무엇보다 중요한 것은 네트워크 정당, 시스템 공천 등에 대한 우리의 공통된 지향이었다.

'문명적 변화'를 읽어야 한다고 주장하던 나는 예전부터 당내 혁신모임을 이끌며 네트워크 정당론을 설파하고 있었다. 문재인 대표도 이를 알았고 의견과 비전을 같이 하고 있었기 때문에 나에게 네트워크 정당 추진단장을 맡겼던 것이다.

당시 오랫동안 구상해왔던 네트워크 정당을 구현하기 위해서는 우선 온라인 입당 시스템을 마련하는 일이 시급했다. 온라인 입당을 가능하게 하는 정당법 개정안이 국회에 올라가 있었는데, 법안이 통과된다고 해서 바로 온라인 입당이 가능한 것이 아니었다. 법이 통과되어도 온라인 입당이 가능한 시스템을 만들어야 하는데 이게 하루아침에 되는 일이 아니기 때문이다.

온라인 입당을 가능하게 한 정당법 개정안이 2015년 8월 국회 본회의를 통과했고, 그전부터 추진했던 온라인 입당 시스템은 몇 번의 우여곡절 끝에 12월 10일 공식 오픈했다. 거짓말처럼 12월 13일 안철수 대표가 탈당했고 김한길, 박지원, 황주홍, 유성엽 의원 등의 탈당이 이어졌다. 20대 총선을 불과 4개월 앞둔 시기였기 때문에 위기감도 극에 달했다. 그런 상황에서 시스템이 오픈되니 그 효과는 기대 이상으로 엄청났다.

온라인 입당 시스템을 개통하자 입당 신청자가 장마철 구름처럼 몰려왔다. '너는 탈당, 나는 입당'이라고 부르는 캠페인이 벌어지면서 시스템 개통 첫날 입당 신청자가 3만 3천 명에 달했고, 엿새 만에 6만 5천 명을 돌파했다. 특히 30대 입당자가 제일 많았고 그 다음이 20대, 40대인 등 젊은 층의 입당이 폭발적이었다. 온라인 입당 시스템이 유권자들이 당에 공감을 표시할 수 있는 통로이자 분열의 정치에 항의하는 대중적 실천 수단으로 작동한 것이다.

그다음 추진한 것이 네트워크 정당, 플랫폼 정당이었다. 스마트폰 혁명으로 인해 수직적인 관계보다 수평적 관계가 중심이 된 '문명의 시대'에 기존의 낡은 정당 시스템은 더 이상 존속 가치가 없었다. 하루빨리 네트워크 정당으로의 혁신이 필요했다. 그런데 말이 쉽지 네트워크 정당, 플랫폼 정당으로 가는 것은 의외로 어렵다. 기존의 정당 시스템에서 수십 년 동안 굳어져 내려온 재무 구조와 인력 구조를 하루아침에 바꾸기는 쉽지 않다. 지금도 그렇다.

우선 새로운 시스템을 만들어야 했다. 이 역시 아파트 짓듯이 단기간에 뚝딱뚝딱 만들 수 있는 것은 아니었다. 건축에 빗대자면, 예전에는 어떤 제도적 틀을 만들 때 일단 아파트를 지어놓고 "여기 좋으니까 들어와 사세요"라고 하는 식이었다. 큰 고민이나 조사 없이 "사람들은 아파트를 좋아한다"라고 생각했고, 실제로 그랬기 때문에 별 문제가 되지 않았다. 그러나 지금은 "나는 전원주택이 좋은데", "나는 공유 주택이 좋은데"라며 개성과 취향, 가치관이 제각각인 시대이다. 이제는 대단지 아파트처럼 특정 방식과 형태로 규격화되지 않는 세상이다.

'일단 모여라' 하고서 게시판과 채팅방을 만들어주고 '알아서 하세요' 하는 기존 방식의 '온오프 네트워크 정당론'의 차원을 벗어나야 했다. 시스템을 하나의 규격으로 구축해 한번에 모든 걸 해결할 수는 없었다. 그렇게 한다면 시간과 돈만 들이고 실패할 것이 뻔하다. 다양한 시도를 통한 시행착오, 즉 '축적의 시간'이 필요했다.

거창하게 포털사이트처럼 '플랫폼'을 차려놓고 사람들을 모으는 것이 아니라, 특정 현안과 이슈별로 공감을 끄는 사안을 만들어 데이터를 쌓아 실험하는 방식으로 전략을 세웠다. 처음부터 너무 큰돈을 들이지 않고, 너무 큰 기대도 걸지 않은 채 수많은 '시도'를 하면서 시스템을 다듬어 나가기로 했다.

수많은 시도 중에 성공한 케이스가 '예산 마켓'이다. 예산이라는 특정 현안을 중심으로 사람들이 의견을 개진하고 토론하게 하니 커뮤니케이션의 밀도가 높아졌고 소중한 정보들이 쌓여나가기 시작했다. 이런 식으로 개별적으로는 사이즈가 작은 사안들이지만 시간이 흐르면서 자연스럽게 경험과 기능이 축적되었다. 이런 것들이 모여 하나의 플랫폼이 되는 것이다.

시스템 공천의 제도화와 그 적들

미완의 공천 개혁을 다시 추진하다

　문재인 대표체제에서 가장 큰 공을 들인 혁신 과제 중 하나가 '시스템 공천'이었다. 정당의 가장 큰 갈등 요소는 공천이다. 그런데 소수의 당 지도부가 공천을 좌지우지하다 보니 '공천 학살'이니 '공천 헌금'이니 하는 부작용이 생기고, 계파 갈등이 사라지지 않는 것이다. 문재인 대표는 누가 지도부가 되어도 시비가 나오지 않도록 자신부터 공천권을 내려놓고 시스템에 의한 공천을 확립하고자 최선을 다했다.

　내 생각에는 정당 안에서 표현할 수 있는 가장 아름다운 용어가 '시스템 공천'이다. 문재인 대표체제가 내놓은 혁신안 중 가장 중요한 핵심이 바로 '시스템 공천 혁신안'이었다. 혁신안의 핵심이자 가장 큰 갈등 요인은 현역 의원 중 하위로 평가 받은 20%를 걸러내겠다는 것이었다. 인위적 물갈이나 표적 낙천 등의 의도는 전혀 없었다. '친문' 의원 중에도 하위 20% 평가를 받으면 물러나야 하는 것이었다.

이를 위해 현역의원평가위원회를 구성하고 조은 동국대 명예교수를 초빙했다. 비주류 측에서는 "조은 교수가 친노다"라고 반발했지만, 나조차도 모교 교수인 조은 교수와 교분이 없었다. 그럼에도 "친문 패권 공천이다"라는 반발은 날로 거세졌다.

본인이 해당되든 안 되든 계파 보스들은 불안해지기 시작했고, 호남 지역 의원들을 필두로 탈당 러시가 시작되었다. 그해 말 결국 거의 분당에 이르는 사태까지 이어졌다. 김상곤 혁신위원회에서 만든 시스템 공천안은 혁신적인 것이었지만, 2016년 총선이 결국 김종인 대표 체제로 치러지면서 사실상 무력화되었다.

2017년 시스템 공천을 다시 가다듬을 기회가 찾아왔다. 그해 5월 9일 대선이 끝나고 문재인 대통령이 당선과 동시에 취임하자 주변에서는 내게 "벼슬하겠네"라고 수군거렸다. 나는 이미 2016년 총선에서 불출마를 선언하고 의원직에서 물러나 있는 상태였기 때문에 청와대에 수석비서관으로 들어가거나 정부부처 장관, 혹은 공기업 사장으로 가지 않겠냐는 말들이 많았다. 하지만 나는 대선이 끝나고 얼마 지나지 않은 5월 16일에 백의종군을 선언했다. 청와대에 들어가거나 정부 부처에 입각하지 않고 당에 남아 혁신을 완수하겠다는 의지의 표현이었다. 내가 가장 잘할 수 있는 일이 국회의원, 그리고 정당 혁신이었다.

혁신은 이긴 후에 하는 혁신이 진짜 혁신이다. 총선이나 대선에서 패배한 뒤 하는 혁신은 혁신이 아니다. 그냥 마지못해 책임지는 시늉을 하기 위한 물갈이에 그칠 뿐이다. 결국 자학적인 '보여주기'식 혁신에 그친다. 발표만 하고 아무것도 남는 것이 없는 그간의 혁신이었다.

선거에서 참패하고 내놓는 혁신 중 '의석수를 줄이겠다', '국회의원 세비를 깎겠다' 같은 단골 레퍼토리들이 있는데, 이는 국회에서 정치개혁특별위원회를 꾸려 관련 법안을 개정해야 가능한 것이다. 당 자체에서 스스로 할 수도 없는 혁신안을 내놓고 혁신하겠다는 것은 혁신 안 하겠다는 말과 같은 것이다.

또한 선거 참패 후 지도부 교체 과정에서 점령군 방식의 자리 혁신이 주를 이룬다. 혁신을 빌미로 상대방의 세력을 제거하고 자기 사람을 심는 수단으로 삼는 것이다. 혁신은 말뿐이고 정파 싸움만 격해질 뿐이다. 그래서 내용 있는 실질적 혁신을 위해서는 이겼을 때 혁신 작업에 박차를 가해야 하는 것이다.

더불어민주당은 앞선 총선에서 승리했고, 대선에서도 문재인 후보가 압도적으로 당선되었으며, 여세를 몰아 문재인 대통령이 임기 시작부터 높은 지지율을 나타내고 있었기 때문에 '진짜 혁신'의 적기였다. 대선 승리 후 얼마 지나지 않아 더불어민주당내 정당발전위원회(이하 정발위)가 꾸려졌고 나는 위원장이라는 중책을 맡게 되었다. 가장 중요한 건 2016년 좌절된 미완의 공천 개혁, 즉 시스템 공천 시스템을 다시 구축하는 것이었다.

물론 반발도 만만치 않았다. "문재인 대통령 지지율이 80%에 육박하고 당 지지율도 50%를 넘는데 무슨 혁신이냐"라는 것이었다. 이듬해 열리는 지방선거에서 "뭘 하려는구나" 하는 의심을 품은 반발도 나왔다. 지방선거에서 인위적인 인적 청산을 하려는 것 아니냐는 의구심에서 나온 것이다. 하지만 이는 과거의 정당들이 선거 때마다 공천을 엉망으로 해왔기 때문에 항상 선거를 앞두고 생기는 관성적인 오해에 불과했다.

정치 신인을 키우는 공천·경선제도 혁신안

나는 정발위를 이끌며 3개월 동안의 토론과 수정을 거쳐 발전안을 내놓았다. 그 내용을 간략하게 소개하면 다음과 같다.

첫째, 현역 의원 경선을 의무화했다. 정발위 혁신안의 기본적인 원칙은 정치 신인들의 권리를 대변하고 길을 열어주는 것이다. 지금까지는 현역 의원이 '물갈이 대상'이 되어서 컷오프 되지 않는 이상 단수 공천을 하는 것이 정치적 관행이었다. 김상곤 혁신안에서도 현역 의원 공천 시에는 경선을 의무화했다. 경선에 출마할 사람이 없어 단수 공천 신청이 된 지역을 제외하고는 모든 현역은 경선을 거치도록 했다.

물론 정치 신인이 현역 의원을 경선에서 이기는 것은 여전히 어려운 일이지만, 중앙당의 자의적인 '현역 의원 단수 공천' 결정에 따라 기회조차 못 갖는 일은 없게 한 것이다.

둘째, 비례대표도 상향식 공천을 하도록 했다. 지금까지는 비례대표 공천 및 순번을 당 지도부가 일방적으로 정했다. 2016년 총선에서는 김종인 대표가 자신을 비례대표 2번으로 배정하는 '셀프공천'을 해 논란을 빚기도 했다. 응당 당원들이 가져야 할 권리를 당 지도부가 쥐고 비례대표 공천권을 바탕으로 부당한 권력을 행사한 것이나 다름없다.

비례대표 공천권을 당원과 국민들에게 돌려주는 것이 개혁의 골자였다. 공천관리위원회에서 각 분야 비례대표 후보자를 국민심사단에 넘기면, 국민심사단이 2~3배수로 후보를 압축하고, 당무위원회와 중앙위원회에서 투표로 후보를 최종 확정하는 방식을 택했다. 다만, 외교안보 등 고도의 전문성을 필요로 하는 특정 분야는 국민

공천 심사제에서 제외했다.

셋째, 당원자치회를 도입했다. 문명적 변화의 시대에는 직접민주주의가 맞다고 누구이 강조했다. 이에 맞게 당의 운영에 직접민주주의 요소를 강화한 것이다. 권리당원들은 소속 지역에 상관없이 뜻이 맞는 당원끼리 모여 당원자치회를 구성할 수 있고, 10명의 권리당원이 1명의 대의원을, 100명의 권리당원이 1명의 중앙위원을 선출하도록 하는 것이다. 그러면 사실상 임명직으로 유지되던 당무위원회와 중앙위원회가 당원들의 선출에 의해 구성되어 상향식 의사결정 구조를 갖게 된다. 결과적으로 민주주의적 요소가 강화되는 것이다.

넷째, 부정부패를 원인으로 보궐선거가 발생했을 경우 공천을 하지 않기로 했다. 보궐선거 원인을 제공한 정당은 공천을 하지 않고, 나아가 보궐 선거에 드는 비용까지 원인 제공자가 보전하도록 하는 안이다.

다섯째, 탈당자에 대한 감점을 제도화했다. 불리하다 싶으면 당을 나간다고 협박하거나 실제 당을 나갔다가 다시 돌아오는 일이 빈번했다. 특정 개인이나 세력의 정치적 거래가 횡행하게 되는 원인이다. 따라서 제도적으로 이런 구태를 차단하기 위한 것이다. 청년, 여성 등 경쟁에서 구조적으로 불리한 정치 신인들이나 사회적 소수자들에게 가점을 부여하는 동시에, 경선 불복, 탈당 경력자들이 경선에 참여할 때는 어느 정도 패널티를 부여하는 것을 골자로 한 내용이다.

무엇보다 '직접민주주의 4권'(투표요구·발안·토론·소환권)을 당헌에 반영했고, 합당과 해산의 경우 권리당원 전체가 투표를 하도록 만들었다. 문명의 변화에 맞춰 직접민주주의를 접목할 수 있는 제도적인 혁신을 할 수 있는 길을 터줬다는 점을 의의로 꼽을 수 있다.

그러나 아무리 이기고 나서 하는 혁신이어도 혁신에는 저항이 따르기 마련이다. 정발위에서 만든 혁신안의 30%가 최고위원회 논의 과정에서 깎여나가고 70%만 남았다. 원래 구조 혁신은 당헌 당규에 씨줄 날줄처럼 교차해 섞여 들어가는 것이기 때문에 어느 한 올이라도 빠지면 구멍이 생겨버린다. 하지만 70%만으로라도 시스템 자체는 살릴 수 있겠다 싶어서 절충을 했다. 그러는 바람에 직접민주주의 4권, 합당해산 전 당원 투표, 공천특별당규 제정 등의 과제가 남게 되었다.

또 수정안 중에 아쉬웠던 것은 현역 의원의 경선 의무 조항이다. 하위 평가된 현역 의원의 감점을 30%에서 20%로 줄인 것이다. 모든 경선에서 현역 의원이 절대적으로 유리하기 때문에 원래 30%는 되어야 정치 신인들이 해볼 만하다. 기울어진 운동장에 사다리를 놓아주지 않으면 신인 발탁과 등용이 원천적으로 불가능하다. 그럴 경우 전략공천밖에 방법이 없는데, 이는 다시 구태 공천 시스템으로

성공하는 결정, 실패하는 결정

돌아가는 것이다. 현역에게는 패널티를 주고 신인에게 인센티브를 줘서 팽팽한 경쟁이 되게 해야 한다. 그래야 경선 과정에서 정치 신인에 대한 주변의 인지도가 높아져 본선에서도 경쟁력을 갖게 된다.

선거에서는 공천이 종점이 아니라 당선이 종점이라는 점을 명심해야 한다. 현역 의원이 경선에서 절대적으로 유리하다고 해서 정치 신인을 전략 공천으로 출마시키면 본선 경쟁력이 떨어질 수밖에 없다. 현역 의원이 탈당해 무소속으로 출마하거나 반대를 하면 당선 가능성이 더 낮아진다. 그런 사례는 수두룩하다. 현역 의원에게도 경선이 필요하지만 정치 신인에게도 경선이 필요한 이유다.

발전안에 이른바 '전략경선지역' 제도를 넣었으나 삭제된 점도 아쉽다. 전략경선지역에 뛰어든 청년, 여성, 신인에게는 가점을 40% 까지 받게 해주는 안이었다. 전략경선지역까지 없애 설계 자체가 흔들려버렸다.

이렇게 정치 신인의 진출 기회 확대에 공을 들이는 이유는, 여야를 막론하고 우리 정당들에 유능하고 새로운 인재 영입이 거의 끊기고 있기 때문이다. 정당 인물들의 정체 현상이 심하다. 그렇다고 해서 자치단체장처럼 3선 이상 출마 금지를 시킬 수는 없다. 하지만 나 같은 다선 의원들이 나서서 기득권을 조금 내려놓고 정치 신인을 키우기 위한 노력을 해야만 한다. 하지만 중진들은 대부분 '황금 지역구'를 차지하고 앉아 있다. 그런 곳에 신인들이 진출할 수 있는 통로를 만들어줘야 정당 구성원이 다양해지고 유능한 인재들이 더 많이 정당에 유입된다. 그래야 우리나라 정치가 발전하고 중단 없는 혁신과 진화가 이뤄질 수 있다.

이렇게 긴 시간 노력 끝에 만든 더불어민주당의 공천·경선제도가 전 세계 어느 정당의 제도보다 가장 혁신적인 제도라고 확신한다. 그럼에도 불구하고 아쉬운 점은 정당 혁신안이 대중 미디어의 주목을 받지 못해 여론화가 쉽지 않다는 점이다. 워낙 복잡한 구조의 문제를 다루다 보니까 10여 초에 불과한 방송 인터뷰로는 설명되지 않는다. 그래서 과거에는 '정풍 운동'이나 '지도부 총사퇴' 같은 자극적인 뉴스만 정치면을 채우는 것이다. 하지만 포기하지 않고 지속적으로 혁신을 해나가고 유권자들에게 알리기 위해 노력한다면 언젠가는 국민들도 혁신안을 자연스레 알게 될 것이다.

디지털 시대의 수평적 리더십

문재인의 등장은 시대적 부름

　문재인 정권 출범 이후 더불어민주당의 정당 지지율은 민주당 역사에서 역대 최고 수준이다. 정치평론가들은 '비주류가 없는 여당은 처음', '분열되지 않아 정당 지지율이 높아진 것'이라고 평가한다. 그런데 민주당은 한때 분열의 대명사였다. "보수는 부패로 망하고, 진보는 분열로 망한다"라고 하지 않았던가. 문재인 대통령이 본격 정치에 뛰어들었을 때도 민주당은 사분오열되어 있었다.

　그전에는 더 심했다. 원래 '보스 정치'의 전성기에는 정당 내 최고 실력자를 중심으로 계파가 갈라졌다. 김대중 대통령이 민주당의 구심점이었을 때는 김대중 대통령 측은 '동교동계', 이른바 '꼬마

민주당' 출신은 이기택 대표를 중심으로 한 '민주계' 등으로 나뉘었다. 김영삼 대통령 때는 '상도동계', '민정계' 등이 있었고, 이명박 대통령 때는 '친이계'와 '친박계', 박근혜 대통령 때는 '친박계'과 '비박계'로 나뉘었다.

민주당내에서 계파간 갈등이 절정이었던 때는 노무현 대통령 때였다. 2002년 대선 당시 비주류였던 노무현 후보가 예상을 뒤엎고 돌풍을 일으키며 대통령 선거 후보로 결정되자 노무현 후보를 인정하지 않던 '후보단일화추진협의회'(후단협)라는 그룹의 일부가 정몽준 후보에게 갔다. 노무현 후보 지지자들은 거세게 반발했다. 그때 박범계 의원 같은 분이 판사직을 그만두고 노무현 후보 캠프에 들어올 정도로 많은 사람들이 노무현 캠프에 합류했고, 수많은 시민들이 돼지저금통을 모아서 후원하는 기적 같은 일이 벌어졌다.

노무현 후보는 결국 대통령에 당선되었지만, 그때부터 노무현 대통령을 중심으로 '친노', '반노'의 갈등이 시작되었다. 여기에 속하지 않는 '비노'도 여러 작은 계파로 나뉘어 있었다.

이후 2003년 민주당내 친노 중심의 의원들이 나와 '전국정당 새로운 정치'를 모토로 열린우리당을 창당했고 2004년 총선에서 압도적인 승리를 거뒀다. 열린우리당은 노무현 대통령 덕분에 승리했다고 이구동성으로 이야기했지만 2006년 지방선거에서 참패하고 나서 그 결과를 '대통령 탓'으로 돌리는 분위기가 팽배해졌다. 노무현

성공하는 결정, 실패하는 결정

정권의 황태자라 불렸던 정동영 전 장관 같은 경우에도 노 대통령에게서 등을 돌릴 정도였다.

2007년에는 김한길, 천정배 의원 등 탈당 러시가 이뤄졌고, 결국 대통합신당으로 이어졌으나 2007년 대선에서 정동영 후보가 참패했고, 2008년 총선에서는 친노 의원들이 이른바 '공천 학살'을 당해 거의 '폐족' 취급을 받기도 했다.

그러던 중 2012년 문재인 전 비서실장이 총선을 통해 여의도 정치에 본격 등장했다. 문재인 전 비서실장이 그해 대선 후보 경선에 뛰어들자 '친문', '반문' 구도가 생겼다. '친노/반노'가 그대로 '친문/반문'으로 이어진 것이다. 최근에 계파 갈등이 정점을 찍은 것은 2015년이었다. 문재인 대표 체제로 치러지는 총선이다 보니 '친문 패권주의 공천'이라는 근거 없는 매도가 판을 쳤다.

나도 '친문'이라 매도당했지만 나는 원래 '친노'도 '친문'도 아닌 사람이었다. 문재인 대표의 네트워크 정당론, 시스템 공천 등 정당 혁신에 대한 구상이 일치했기 때문에 문재인 대표의 부름을 받았고 함께 일했을 뿐이다. 나중에는 내가 거의 '문재인 대표의 호위무사' 처럼 되었는데, 문재인 대표와 내 정치 지향이 같았기 때문이지 나는 특정 정치인에게 맹목적 충성을 다하는 그런 스타일이 아니다.

문재인 대표는 2017년 대선 과정과 대선 후 정부 부처 인사 등에서도 엄청난 통합력을 보여줬다. 아마 정치사에서 이렇게 많은 '친문'을 형성한 사례는 없을 것이다. 19대 국회의원 중에는 '친문'이라할 만한 의원들이 그리 많지 않았다. 하지만 20대 국회에서는 더불어민주당 의원들 대부분이 '친문'이라고 한다. 지금은 친문 외에는 없는 정당처럼 되었다.

그렇다면 2016년 20대 국회의원 선거에서 '비문'을 모두 공천 학살했는가? 결코 그렇지 않다. '비문', '반문'이라 할 만한 분들이 탈당해 국민의당으로 빠져나가긴 했지만, 2016년 총선은 김종인 대표체제로 치러진 선거였다. 김종인 대표가 공천해 국회의원이 된 분들도 문재인 대표에게 매력을 느껴 친문이 된 것이다.

대통령에 당선된 이후에도 엄청난 통합적 인사를 보여줬다. 초대비서실장인 임종석 전 의원도 '친문'이라 불리기 어려운 인사이고, 그다음 비서실장인 노영민 전 의원도 원래 '친문'은 아니었다. 청와대 초반 경제 정책을 디자인한 장하성 실장도 2012년 대선에서 안철수 캠프에서 뛰었던 분이고, 국가경제자문위원회의 김광두 전 위원장 같은 경우는 보수의 경제 브레인이다. 문재인 정부에서 정부 부처에 입각한 의원과 정치인들 중에서도 전통적인 '친문'은 없었다. 나처럼 같은 지향을 갖고 함께 일하다 보니 '친문'이 되었거나, '친문'이라 불려도 반론하지 않는 상태가 된 것이다.

문재인 대통령이 지금은 통합적 리더십의 아이콘이지만 정치권에 처음 들어왔을 때는 기존 정치인에게는 매우 불편한 존재였다.

화법, 문법, 태도, 어떤 사안에 대한 해석법 등 모든 것이 기존 정치인과는 달랐다. 그러니 선수選數가 오래된 정치인일수록 문재인 대표라는 인물 자체를 낯설어했다. 자신에게 도움이 안 될 인물이라고 판단한 상당수 정치인들은 문재인 대표를 폄하했다.

그러나 나는 문재인 대표에 대해 우리가 다시 집권할 수 있게 하고 우리 정치를 진일보시킬 수 있는 소중한 존재이자 캐릭터라고 생각했다. 문재인 대표는 어느 날 갑자기 벼락같이 인기를 얻은 인물이 아니다. 문명적 변화의 시대에는 벼락부자처럼 갑자기 인기를 얻은 인물이 대통령이 되어서도 안 되고 될 수도 없다.

문재인 대표는 대학 시절 군사독재정권에 맞서기 위해 학생운동을 했고, 사회에 진출한 뒤에는 변호사로서 인권운동을 하며 꾸준히 사회 참여를 해왔다. 한 번도 시대와 세상을 저버리지 않은 인물이다. 노무현 정부에서는 시민사회수석, 민정수석, 비서실장을 하면서 국정 참여의 소중한 경험도 쌓았다. 거기에 시대의 변화를 읽고 함께 호흡하기 위해 노력하며 구태 정치에 물들지 않은 혁신 의지까지 갖고 있으니 대단한 인물이라 생각하지 않을 수 없었다.

정치를 피했던 문재인 비서실장의 정치 진입은 잘한 결정인가? 노무현 전 대통령 서거, 민주주의, 국정경험. 새로운 문명, 새로운 정치에 맞는 마인드 그리고 운명…. 모든 요소들이 딱 들어맞는 존재이니 잘한 결정이다.

새로운 시대 새로운 리더의 자질과 덕목

2016년 총선 때의 일이다. 문재인 대표가 당권을 김종인 비상대책위원회 체제에 넘겨준 뒤 남양주 조응천 후보 지원 유세를 왔다. 아침 10시였는데 그 시간은 보통 당원들만 나오는 시간이다. 그런데 그 이른 시간에 당원들 외에 일반 시민들이 많이 모여들었다. 문재인 대표를 보기 위해서였다. 시민들이 문재인 대표의 손을 잡고 악수하며 "꼭 이기세요"라고 응원했다. 뒤에서 발을 동동 구르는 시민들도 있었다. 예상치 못한 풍경이었다.

선거가 끝난 뒤 문재인 대표와 길게 이야기할 기회가 있었다.

"남양주 지원 유세 때 대표님한테 박근혜와 김대중, 그리고 노무현을 봤습니다."

문재인 대표는 "그게 뭡니까?"라고 내게 물었다.

나는 이렇게 답했다.

"박근혜 대통령은 흉탄에 부모를 모두 잃었습니다. 새누리당이나 보수층 지지자들에게는 박근혜 대통령에 대한 가련함, 애잔함 같은 게 있어요. 김대중 대통령은 더합니다. 박정희 정권 때는 40대 초반의 나이에 대통령 선거에 출마했다가 아깝게 2등으로 패배했고, 그 후 박정희 대통령의 정적이 되어 유신독재 반대 투쟁을 하다 바다에 수장될 뻔했습니다.

전두환 정권 때는 온갖 누명을 쓴 채 사형 선고를 받아 언제 형장의 이슬로 사라질지 모른 채 감옥살이를 오래 했습니다. 김영삼 정권 때는 정계은퇴를 했다가 다시 돌아와 총선에서 재기했습니다. 김대중 대통령 지지자들에게는 DJ에 대한 짠함이 있어요.

노무현 대통령은 또 어떻습니까. 낙선할 줄 알면서도 지역구도 타파를 위해 계속 부산에서 도전하며 헌신했습니다. 오죽하면 '바보 노무현' 소리를 들었겠어요. 그러면서도 포기하지 않았습니다. 그 누구도 대통령이 될 거라고 생각하지 않았지만 대선에 나서 온갖 흔들기에도 불구하고 꿋꿋하게 버텨 결국 '노풍'을 일으켜 대통령에 당선되었고, 대통령이 되어서도 같은 당 동료에게서도 무시를 당하고, 야당에게서는 심한 멸시와 조롱을 당하다가 탄핵까지 당했습니다. 노무현 대통령에게는 어떻게 해도 인정받지 못하는 비주류에 대한 애잔함 같은 게 있어요.

사실 대표님이 2012년 대선에 나왔을 때는 이런 애잔함이 없었습니다. 민주당 지지자들과 反 새누리당 정서에 의한 당위적 지지였을 뿐이었죠. 그런데 당 대표가 되신 뒤 '문재인 흔들기'라는 고난을 겪으면서 지지자들이 문재인 대표에게 애잔함을 느끼기 시작한 것입니다. 그래서 박근혜, 김대중, 노무현, 3명의 정치인과 비슷한 느낌을 받았다는 겁니다."

이 말을 들은 문재인 대표는 "저도 그렇게 느끼고 있습니다"라고 대답했다.

"그런데 대표님에게는 3명의 정치인에게 없는 것이 더 있습니다."

문재인 대표는 "그게 뭡니까?"라고 다시 물었다.

"문희상 국회의장의 지론이 있어요. '대통령의 꿈을 품지 않은 정치인은 정치인이 아니다'라는 겁니다. 박근혜, 김대중, 노무현 3명의 정치인도 권력의지가 아주 강했던 인물들입니다. 김대중 대통령은 죽음의 고비를 넘기면서도 3전4기의 도전 끝에 대통령이 되었고, 노무현 대통령도 지역 구도에 온몸으로 부딪히며 권력의지가 강해진 인물입니다. 박근혜 대통령도 흉탄에 부모를 잃고 훗날 정치에 입문한 이후에는 대통령의 꿈을 갖고 계속 한곳만을 바라보며 도전해왔던 것입니다.

그런데 제가 보기에는 국민들도 이제 죽을 고비를 넘겨 온힘을 다해 도전하는 권력의지로 똘똘 뭉친 인물에는 지칠 만한 때가 되었습니다. 대통령은 의지로 하는 시대가 아니라는 생각이 듭니다. 권력의 화신이 아니라 착한 대통령, 좋은 대통령 나오면 어디 덧나냐는 겁니다. 이제 좋은 사람, 착한 사람이 대통령이 될 시대가 되었습니다. 대표님이 그런 분입니다."

나는 문재인 대표에게서 새로운 시대의 새로운 리더로서의 자질과 덕목을 봤다. 좋은 품성에 국정 경험도 있고, 기존의 정치인과 다른 태도와 화법까지…. 나는 '저 사람'이라고 판단했다.

문재인 대표는 힘들고 지쳐 보여도 절대 화를 내는 법이 없다. 최고위원회 회의 때 이종걸 의원이 본인을 향해 "박정희 독재가 연상된다"는 입에 담지 못할 험담을 해도 화를 내지 않는 사람이다. 엄청난 절제력과 인내력을 가진 사람이다. 그리고 남의 이야기를 들을 줄 아는, 그것도 그냥 듣는 것이 아니라 경청할 줄 아는 사람이다.

문재인 후보의 좋은 대통령, 착한 대통령 논論은 듣는 이가 처음에는 어색했을지 몰라도 지금까지 문 대통령에 대한 가장 강한 '대중적 인식'이 되었다.

인재영입의 패러다임을 바꾸다

수평적 시대의 인재영입 키워드는 '공감'

문재인 대표는 정치 혁신에 대한 의지가 강렬했고, 여러 면에서 그의 생각은 내 생각과 맞아떨어졌다. 아무리 훌륭한 혁신이더라도 선거에서 패하고 정권을 못 잡으면 민심만 멀어지고 실패할 수밖에 없다. 그래서 승리를 거둘 수 있는 혁신이 중요하다.

문재인 대표는 나를 구태 정치에 굴복하지 않을 정치 혁신 돌파의 적임자로 생각했다. 그렇기에 대표에 취임한 직후인 2015년 3월 내게 네트워크 정당 추진단장을 맡겼던 것이다. 정당 혁신에 대한 지향과 성과를 인정받아 그해 6월에는 당 사무총장 직을 제안 받았다. 나는 흔쾌히 수락했다.

사무총장은 1년 앞으로 다가온 총선기획단장을 겸임하는 자리였다. 내게 '인재영입'이라는 중책이 떨어졌다. 인재영입은 총선의 성패를 가를 중요한 임무였다. 특히 사무총장으로 오기 전 전력을 쏟았던 '네트워크 정당 혁신'에 걸맞은 인재영입이 필요했다. 문재인 대표에게 "과거와는 달라야 한다"라고 강조했다.

정당의 인재영입은 일반 회사의 직원 선발과는 다르다. 국민들에게 "우리 민주당은 이런 분들을 모셨다"며 출마 후보자들을 선보이는 것이 정당의 인재영입이다. 새로운 사람들과 새로운 정치를 하겠다고 제시하는 판단을 구하는 가장 강력한 총선전략이 인재영입이다. 나는 문재인 대표에게 '공감'이라는 인재영입 콘셉트 키워드를 제시했다.

기존의 낡은 정당 시스템에서는 소위 '고관대작을 모셔오는' 것이 인재영입이었다. 고위 관료 출신 인사들을 영입해 전문성을 정당에 이식한다는 이유다. 그렇지 않으면 방송국 앵커, 배우, 소설가 같은 대중적으로 유명한 사람들이 영입 1순위였다. 물론 이런 분들 중에 훌륭한 분들도 있다. 전문성을 보강하고 대중적 관심을 끌 필요도 있다. 그러나 이런 분들에게 대중이 '공감'할 수 있을까? 과거라면 유효한 전략이었겠지만, 지식과 정보의 격차가 없어진 수평적 관계의 시대로 바뀌었다. 이른바 전문가라는 사람들이 과도한 영향력을 행사하는 것에도 거부감이 높아졌다.

물론 전문가와 유명 인사들을 무조건 배제한 것은 아니다. 수평적 리더십을 갖추고 대중에게 공감을 받을 수 있는 인물이 우선이라는 인재영입의 기둥을 세운 것이다. 전문가와 유명 인사도 우선 이 기둥에 적합한 인물이어야 하는 것이다. 국민들이 보기에 인생을 정말 잘 살아온 사람. 자신과 생각의 궤적이 비슷해서 그가 하는 이야기들에 고개를 끄덕일 수 있는 사람, 이런 사람들을 영입해야 한다고 생각했고, 설득했다.

　한 가지 더 생각해야 할 것은 총선과 대선은 인재영입의 기준이 다르다는 점이다. 대선은 대통령에 당선된 뒤 함께 일하는 것을 염두에 두고 사람을 들이는 일이지만, 총선은 다르다. 국회의원은 개개인이 독립적인 헌법기관이다. 국민의 대표자가 될 사람, 자신의 인생을 걸고 출마할 사람을 영입하는 것이다. 그래서 총선 인재영입은 영입 대상 개개인 스스로가 대중들에 공감을 살 수 있는 인물이어야 했다.

　2015년 8월 말부터 본격적인 '공감' 인재영입 작업에 돌입했다. 우선 영입대상 인물 후보 2,000명을 먼저 선정했다. 분야별, 성별, 연령별로 나누고 각 인물에 대한 각종 자료를 수집했다. 예를 들어 법조계라고 하면 고위급은 물론 아래 직급 인물까지 모두 리스트로 작성했다. 이 인물들에 대한 뉴스 기사는 물론 각종 강연 자료 등 공개된 자료는 모두 긁어모았다. 국민들에게 공감을 사기 어려운 이른

　　　　　　　　　　　　　　　성공하는 결정, 실패하는 결정

바 '고관대작'들은 일단 제외했다. 지위는 전혀 중요하지 않았다.

과학기술 분야를 예로 들어보자. 이명박-박근혜 정권 동안 과학기술부를 없애는 등 과학기술정책이 형편없었다. 그래서 국민들이 과학기술 분야의 인재에 대한 갈증이 있을 것이라고 생각했다. 하지만 유명한 교수나 과학기술단체 회장 같은 분들이 아니라, 실질적인 업무에 능통한 사람을 우선적으로 살폈다. 그래서 영입한 대표적인 인물이 문미옥 같은 분이다. 문미옥 씨는 당시 과학기술인협동조합 지원센터 기획정책실장, 한국여성과학기술인지원센터 기획정책실장을 맡고 있어 실무에 훤했다. 요즘 시대의 국민들은 '지위'가 아니라 '실력'을 보고 판단한다. 예전 같았으면 그냥 과학기술단체 회장이나 회장 출신을 영입하고 말았을 것이다.

이렇게 2,000명에 대한 리스트를 만들어 자료를 수집하는 데만 2개월이 걸렸고, 1차 검토를 통해 후보를 반으로 추렸다. 다시 1,000명의 자료를 추가로 수집해 검토한 뒤 영입 후보를 200명으로 줄였다.

이 과정에서 문재인 대표가 대단한 분이라는 걸 다시 한 번 느꼈다. 예전 같았으면 당 대표는 으레 인재영입 책임자를 불러다 놓고 "검찰에서 누가 와?", "누구누구는 만나봤어?"라고 보고를 요구하며 직간접적으로 인사에 개입하곤 했다. 사실 인재영입 과정에서 실제 영입이 성사되기 전까지는 당 대표에게 보고할 게 별로 없다. 그래서 보통은 "누구누구와 접촉 중입니다"라고 중간보고를 하는 정도였다.

그런데 문재인 대표는 중간보고를 할 때도 듣기만 할 뿐 더 묻거나 재촉하는 법이 없었다. 설득하고 모셔오는 과정에 중간 체크할게 없다는 걸 알기 때문에 일이 성사될 때까지 담당자를 믿고 맡기는 것이다. 특히, 개인의 고집이나 호불호가 아닌 시스템이 작동하고 있었기 때문에 그 시스템에 개입해서는 안 된다는 것을 잘 알고 있었던 것이다.

영입 후보 대상을 200명으로 줄인 뒤에는 조금 더 구체적인 자료조사를 진행했다. 인재영입 콘셉트는 '공감'이었다. 자료 검토 과정에서 주로 인물 개인의 '스토리'에 집중했다. 특히 학벌, 지역, 성별의 유리천장을 뚫은 사람들의 스토리에 관심을 기울였다. '고졸', '호남', '여성' 등의 키워드로 검색하던 중 양향자 씨 스토리가 눈에 확들어왔다. 양향자 씨는 기존의 관행적인 '고관대작', '유명 인사' 리스트에는 들어가 있을 리 없는 인물이었다. 키워드 검색이 아니었으면 발굴하지 못했을 보석 같은 인물이다.

찾아낸 인물들에 대해 가능하면 주변 인물들로부터의 평판까지조사했다. 그렇게 해서 본격적으로 접촉을 시도했는데, 아예 전화를안 받는 사람, 피하는 사람 등등 다 빼고 나니 최종 후보 80여 명이남았다. 이제 본격적으로 대면 접촉을 할 때가 된 것이다.

시대가 요구하는 인물을 찾아 삼고초려

　본격적인 영입 작업이 시작되었고 실무진이 먼저 접촉을 시도했다. 양향자 씨의 경우 휴대전화 번호도 모를 정도로 우리 쪽에서는 접촉 포인트가 없었던 새로운 인물이었다. 그래서 우리 팀원이 사내 전화로 연락을 해서 메모를 남길 수밖에 없었다.

　양향자 씨는 메모를 받은 뒤 그 메모가 인재영입을 위한 접촉일 거라고는 전혀 상상하지 못했다고 한다. 보통 지역 학교 동문들 중에서 '10만 원 정치 후원금'을 요청하는 경우가 종종 있어서, 이번에도 정치 후원금 이야기인 줄 알고 가벼운 생각으로 우리 팀원을 만났다고 한다. 그런데 그 자리에서 "더불어민주당 정치인으로 모시려고 합니다"라는 소리를 들었으니 얼마나 놀랐겠나. 양향자 씨는 단번에 "노"라고 거절했다. 정치인? 정당가입? 본인이 살아오면서 단 한번도 생각해보지 않은 일이었을 것이다.

　양향자 씨는 전남 화순의 산골 마을에서 태어났다. 마을을 끼고 봉우리 두 개가 있다고 해서 쌍봉리라 불리는 인구 200명의 아주 작은 마을이었다. 병을 앓으시던 아버지를 일찍 여의었고 생계를 맡은 어머니를 대신해 어린 나이에 집안 살림과 동생들 뒷바라지를 해야 했다. 인문계 고등학교에 가고 싶었지만 "엄마와 동생들을 부탁한다"라는 아버지의 유언 때문에 상업고등학교에 진학했고 졸업

후에는 바로 취직을 했다.

삼성전자에 들어갔으나 양향자 씨를 부르는 호칭은 '미스 양'이었다. 반도체를 설계하는 엔지니어들이 시키는 잔일을 처리하다가 일본어로 된 기술 서적이 많다는 점에 흥미를 느껴 일본어 공부를 했고, '미스 양'의 일본어 실력을 알아본 엔지니어들의 번역 심부름이 계기가 되어 '미스 양'이 아닌 '양향자 씨'가 되었다. 이후 반도체 설계에도 도전했고 실력을 인정받아 엔지니어가 되었다. 이런 사람이 단 한번이라도 자신이 정치권에 발을 들이게 될 것이라는 생각을 했을까. 양향자 씨가 우리의 영입 제안을 일언지하에 거절하는 것이 당연했다.

내가 한번 직접 만나봐야겠다는 생각이 들었다. 다만 보안에 신경을 써야 했다. 그 무렵 문재인 대표가 표창원 씨를 만난 일이 기사화되어 "영입 작전 아니냐"라는 말이 보도되었기 때문이다. 아는 사람이라도 만날까 봐 여의도가 아닌 양향자 씨의 직장과 가까운 수원의 어느 만화카페로 약속 장소를 잡았다. 양향자 씨를 만나 3시간 동안 이야기를 나눴지만, 그의 대답은 여전히 "노"였다.

그런데 나는 그 자리에서 양향자 씨의 어투나 눈빛에서 '정치를 할 수 있겠다'라는 느낌이 들었다. 구체적인 근거는 없고 그냥 직감이었다. 그가 살아온 행보도 정치에 어울릴 것이라고 판단했다. 첫 번째 만남에서 거절당했지만 혹시 이후라도 마음이 바뀌었을까

성공하는 결정, 실패하는 결정

팀원에게 여러 번 확인했다. 하지만 다시 온 연락도 "노"였다. 양향자 씨는 완고했지만 나는 그가 결국은 제안을 받아들일 거라고 생각했다. 본인은 안 한다고 한사코 거절했지만 그 분의 눈망울과 그 분이 살아온 인생을 보면 알 수 있었다.

그 당시 표창원, 김병관 씨 등이 영입되던 때였는데, 양향자 씨에게도 주기적으로 안부를 물었다. 그러던 어느 날 "남편과 상의해보겠다"라는 답이 돌아왔다. 그 말은 곧 남편을 설득하겠다는 뜻이었다. 그때 나는 "이제 되었구나" 싶었다. 그런데 다시 전화가 와서 남편이 끝까지 반대한다며 안 되겠다는 것이었다. "그럼 알아서 하십쇼. 한 사람의 인생이 걸린 일인데 제가 왈가왈부할 수 있겠습니까"라고 더 이상 채근하지 않았다.

말은 이렇게 했지만, 남편을 설득해보겠다고 마음을 먹었다는 것은 본인은 이미 마음이 있다는 것이고, 내가 더 이상 재촉할 필요는 없는 일이었다. 본인이 마음을 굳히고 남편을 설득하는 일만 남은 셈이었다. 그렇게 믿고 있었더니 예상대로 그 다음날 다시 연락이 왔다. "하겠습니다." 곧바로 문재인 대표 부부와 함께 양향자 씨 부부가 만나는 자리를 만들었다. 그렇게 양향자 씨는 '정치인 양향자'가 되었다. 남편은 처음에는 반대했지만 나중에는 '정치인 양향자'의 활약을 더 좋아하게 되었다고 한다.

양향자 최고위원은 입당을 하면서 유명한 입당사를 남겼다. 입당

사는 보통 당직자가 초안을 써서 주면 당사자가 읽어본 뒤 고칠 건 고치고 더할 건 더하고 뺄 건 빼서 만들어진다. 그런데 양향자 최고위원 같은 경우에는 일단 본인이 하고 싶은 얘기를 다 털어놓으라고 했다. 그래서 양 의원이 입당사 원고를 맡은 보좌진에게 이틀에 걸쳐 자신이 살아온 인생 이야기, 하고 싶은 이야기를 했다. 담당 보좌진은 이틀 동안 들은 이야기 중 자신의 마음을 움직인 이야기만 따로 모아 문장을 만들고 입당사를 완성했다.

그 입당사가 장안의 화제가 되었다. 입당사를 발표하던 날 기자들이 "너무 공감된다"고 감동을 받았다고 한다. 회견문을 잘 쓴 것보다 그 분의 스토리와 말씀 자체가 훌륭했던 것이었다.

사람들에게 큰 울림을 준 양향자 최고위원의 입당사 일부를 인용한다.

"학벌의 유리천장, 여성의 유리천장, 출신의 유리천장을 깨기 위해 모든 걸 다 바쳐 노력했지만, 청년들에게 '나처럼 노력하면 된다'고 말하고 싶진 않습니다. 오늘 열심히 살면 정당한 대가와 성공을 보장 받을 수 있는 사회를 만들어야 합니다. 스펙은 결론이 아니라 자부심이 되어야 합니다. 우리 사회가 직장 맘들에게 던지는 메시지는 '독해지거나 하나를 포기하라'는 것 말고는 없었습니다. 출산이 출세를 막고, 육아가 경력 단절로 바로 이어지는 구조를 바꿀 책임이 정치에 있습니다."

보통 자수성가한 사람들은 "나처럼만 노력하면 된다. 나처럼 포기하지 않으면 된다"라고 하는데, 양향자 씨는 "나처럼 노력하면 된다는 말은 하고 싶지 않다"라고 정반대의 말을 했다. 이 시대 공감의 키워드에 딱 맞는 훌륭한 이야기였다. 양향자 최고위원은 또 "글로벌 기업 삼성도 해결하지 못한 여성의 문제를 국가가 해결하고, 이 문제를 해결할 수 있는 정당은 더불어민주당입니다"라고 했다. 유리천장에 부딪혀 좌절할 수밖에 없었던 여성들의 호응이 대단했다. 포털 사이트 검색어 1위에 오르며 화제가 되고 방송에서도 연일 양향자 씨의 입당 뉴스를 다뤘다.

양향자 씨는 선거 운은 좋지 않았다. 2016년 4월 총선에서 광주에 출마했으나 아쉽게 낙선하고 말았다. 그해 8월 전당대회에서는 당당하게 최고위원에 당선되고, 2018년 광주광역시장에 도전했으나 사실상 '본선'인 경선의 벽을 넘지 못했다. 하지만 양향자 씨는 국가인재개발원 원장에 임명되어 '인재 양성'에 본인의 특기를 발휘했다. 양향자 씨는 이 시대의 '공감'이라는 키워드에 어울리는 인물이기 때문에 앞으로 시대의 부름을 받을 기회를 충분히 가질 것이다.

조응천 씨의 입당 과정도 드라마틱했다. 조응천 씨는 당시 양정철 씨가 접촉을 하고 있었는데 본인이 머뭇거리며 결론을 내리지 못하고 있었다. 그래서 문재인 대표, 양정철 씨와 함께 찾아갔다.

당시 조응천 씨는 청와대에서 나와 서울 서교동에서 '별주부'라는 이름의 실내 포장마차를 하고 있었다. 양향자 씨의 남편이 처음에 반대했듯이 조응천 씨 역시 아내의 반대가 심했다. 그렇지 않나. 남편이 서울대 법대를 나와 사법고시에 합격해 검사로 재직하다 청와대에 발탁되어 공직기강비서관으로 잘 나가다가 하루아침에 쫓겨났다. 기각되기는 했지만 구속영장까지 청구되었다. 낭떠러지에 떨어진 것 같았을 것이다.

어쨌거나 먹고는 살아야 하니까 실내 포장마차를 하고 있었고, 겨우 마음의 안정을 찾아가려는데, 그런 상황에서 아내가 "정치하라"고 했을까. "죽어도 정치는 안 된다"고 결사반대하는 것이 당연했다. 다만 조응천 씨는 정치에 대한 생각이 있는 것 같았다.

별주부로 찾아간 자리에서 부인에게 "맥주 한두 잔 하시느냐?"라고 물었더니, 곧잘 하신다고 하길래 소주와 맥주를 섞어 폭탄주를 만들어서 드렸다. 만드는 과정에서 재주를 좀 부렸다. 재밌었는지 부인의 입꼬리가 살짝 올라갔다. 부인의 마음이 조금 풀어졌을까 싶은 순간에 문재인 대표가 명언을 했다.

"조응천 비서관님이 그동안 엄청난 고통을 겪었기 때문에 사모님께서 반대하시는 마음을 잘 압니다. 조 비서관님이 겪었던 그 고통을 다른 사람들이 겪지 않게 해주는 것이 정치가 할 일입니다."

내가 분위기를 만들고 문재인 대표의 결정적 한마디로 조응천 씨

아내의 마음을 비로소 열 수 있었다. 부인은 그 자리에서 승낙했다.

　이렇게 2016년 총선 영입 최대 히트작인 양향자 위원장과 성공한 대표적인 벤처 기업인이면서도 땅 한 평 사지 않고 새로운 경영 철학을 갖고 살아온 웹젠 의장 김병관, 진심으로 세월호 가족과 함께했던 길거리 변호사 박주민, 한국의 전통문양을 디자인해서 세계에 알린 청년 디자이너 김빈, 민주당의 험지 강원도 인제 양구 화천에서 다섯 번 출마해서 낙선한 아버지 때문에 가난을 이고 사느라 어린 시절 병원을 못 가서 한쪽 눈에 장애를 입은 기재부 관료출신 김정우! 그래도 출마하겠다고 입당 기자회견에서 모두를 울먹이게 했던 김정우의 영입이 이뤄졌다.

　모두가 이 시대가 요구하는 '공감'을 불러일으킬 사람들이었고, 그들에게 우리가 당신들을 영입하고자 하는 진심에 대한 '공감'을 전할 수 있었기에 영입할 수 있었다. 모두 '공감'이라는 키워드의 기둥을 굳게 세웠기에 만들어낸 결과였다.

문명적 변화가 만들어낸 촛불 혁명

올바른 판단과 결정을 하려면 상황 변화에 주목하라

2016년 총선 이후 그해 가을 20대 국회 첫 국정감사가 열렸다. 힘들게 영입해 남양주에서 어렵게 당선된 '박근혜 정부 청와대 공직 기강비서관 출신' 조응천 의원이 첫 국정감사에서 최순실 씨의 청와대 인사 개입 의혹을 제기했다. '최순실 의혹'이 터져 나오기 시작한 순간이었다. 그 전에 안민석 의원이 '정유라 부정 지원' 의혹을 제기 하기는 했지만 '최순실 의혹'의 본질이 드러나지는 않은 상태였다. 사실상 조응천 의원의 발언으로 '촛불 정국'이 시작된 셈이다. 조응 천 의원의 9월 폭로 이후 10월부터 촛불 정국이 시작되었다.

여기서 잠깐 짚고 넘어갈 점이 하나 있다. 이래서 총선이 중요한 것이다. 2016년 총선에서 느닷없는 '진박 논란'이 벌어지면서 새누리당은 참패했다. 새누리당의 분위기가 좋았으면 조응천 의원이 국정감사 위원이 될 일이 없었을지도 모른다. 게다가 총선 패배로 국정감사장에서 조응천 의원의 활약을 방어할 전투력도 상실했던 상태였다.

최순실 씨 관련 의혹은 꼬리의 꼬리를 물고 터져 나왔다. 상황이 심상치 않게 돌아가니 10월 후반기에 박근혜 대통령이 국회 시정연설에서 '개헌' 카드를 꺼내들었다. 개헌 카드는 정치인들에게는 고민에 빠져들게 하는 제안이다. 박근혜 대통령이 개헌을 제안하자, '긍정적으로 검토하자'는 사람과 '거부해야 한다'는 사람으로 나뉘었다. 나는 개헌 카드 수용에 반대하는 입장이었다. 다만 개헌 카드에 긍정적인 사람들의 입장도 충분히 이해할 만한 것이었다.

개헌 이야기가 박근혜 대통령에 의해 어느 날 갑자기 하늘에서 떨어진 것은 아니다. 아주 오랜 기간 개헌의 필요성에 대한 공감대가 형성되어 왔다. '1987년 체제'로 탄생한 현재의 헌법으로는 새로운 시대의 흐름을 담을 수 없다는 주장이 있어왔고, 지나치게 대통령에게 집중된 권한을 분산해야 한다는 주장도 꾸준히 제기되어왔다. 대통령 임기가 5년 단임이어서 장기적 전망을 갖고 추진하는 책임 정치가 이뤄지지 않는다는 지적도 있었다. 사안별로 개헌의 방향과 내용에 대한 입장은 제각각이지만, 개헌의 필요성 자체에 대한 공감대가 있기에 국회의원 300명 중 200명 이상이 개헌 논의에 동의를 하고 있는 것이다.

하지만 현직 대통령은 레임덕 등을 고려할 때 자기 임기 중에 실시되는 개헌을 싫어할 수밖에 없다. 국회에서는 개헌 논의가 계속되어 왔지만 박근혜 대통령은 개헌 논의 자체를 틀어막아 왔다. 그러다 위기 상황에 몰리자 갑자기 개헌 카드를 꺼내든 것이다. 야당 국회의원들은 대통령의 개헌 제안에 어리둥절했다. 어떻게 대응할지 고민할 수밖에 없었다.

그러나 정치인들이 이렇게 우왕좌왕할 때 국민들은 단박에 상황을 정리해버렸다.

"무슨 소리냐. 이건 최순실 사건을 피해가려는 꼼수다!"

이렇게 빨리 여론이 정리된 것은, 모바일 등을 통한 소통 수단이 발달해 정보가 널리 빠르게 흐르면서 매우 상식적인 결론이 유통되는 문명의 시대이기 때문이다.

TV와 신문이 전부였던 시절이었다면 어떤 사건이 났을 때 국민들은 거대 방송사와 신문사가 거른 정보만 볼 수 있었고, 어떤 사건에 대한 해석도 방송사나 신문사가 해설해주는 대로만 받아들일 수밖에 없었다. 그러나 모바일 통신 혁명 시대에는 국민들이 직접 정치 현장이나 사건, 정치인들의 발언을 접할 수 있고, 언론사가 택한 전문가가 아니라, 국민 개개인의 의견이 아무런 장애물 없이 소통되는 시대이다.

국회의원들이 개개인의 철학이나 입장, 이해관계를 따지며 입장을 달리하거나 눈치를 보고 있을 때, 국민들은 "개헌 카드는 최순실 사건을 엎으려는 것이다"라고 판단한 것이다. 이러한 판단은 바로 촛불이 되어 활활 타올랐다. 이 상황에서 정치인들이 '이걸 받을까 말까' 고민하는 것 자체가 그냥 웃기는 꼴이었던 것이다. 그런데 하마터면, '개헌 정국'에 그대로 휩쓸려 들어갈 뻔했다.

지금 돌이켜보면 역사의 흐름이 바뀌었을 결정의 순간이었다. 박근혜 대통령이 시정연설을 통해 개헌을 제안하기 3~4주 전이었다. 문재인 대표를 비롯해 당내외 주요 인사들이 모인 자리가 있었는데, 그 자리에서 누군가가 "빨리 개헌을 추진하자"라고 제안했다. 문재인 대표가 대권 주자 중 1위를 하고 있기 때문에 개헌의 내용을 제시하는 것이 선두에 선 대권 주자로서 이슈를 주도할 수 있고, 국정 운영 능력을 보여줄 수 있는 바람직한 모습이라는 이유였다.

"아닙니다."

나는 "개헌논의를 막아왔던 박근혜 대통령이 최순실 때문에 곧 개헌하자고 들고 나올 것입니다. 문 대표님이 개헌 내용을 발표하고 박근혜 대통령이 개헌카드를 꺼내면 최순실 사건이 개헌정국을 뒤덮게 됩니다"라고 주장하며 반대했다.

그 당시만 해도 최순실 사건이 이렇게까지 커질지 예측하기 어려울 때였다. 그 누구도 촛불로 타오르는 광화문 광장과 박근혜 대통령에 대한 탄핵을 상상하지 못했다. 그런데 어쩐지 심상치 않은 사건이었다. '국정농단'으로 충분히 번질 수 있는 사안으로 보였다. 또한 새누리당이 2016년 총선에서 졌기 때문에 사건이 확대될 경우 방어하기 어려울 것이라고 판단했다. 그래서 문재인 대표에게 의견을 말씀드렸다.

"개헌은 정치인들만의 개헌이 아니고, 국민에 의한 개헌이 되어야 합니다. 그러니 신중해야 하고, 필요에 따라서는 대선 후에 개헌 논의를 해도 늦지 않습니다."

박근혜 대통령은 최순실 사건으로 국정의 터닝 포인트를 만들고 싶어 할 텐데, 우리가 먼저 개헌을 제안하면 박근혜 대통령에게 탈출구를 마련해주는 것밖에 안 된다고 강변했다. 개헌 자체에 신중한 입장이어야지, 우리가 개헌안 내용을 정리해 내놓을 타이밍이 아니라고 설득했다.

정치권, 특히 민주당 진영에서는 개헌의 필요성이 꾸준히 제기되어 왔고 구체적으로 추진한 적도 있다. 이들은 대선과 같은 중요한 정치 이벤트에서 응당 개헌이 논의되어야 한다는 입장이었다. 특히 유력한 대권주자로서 미리 개헌안을 내놓아 정국을 주도해야 한다는 당위도 있었다.

맞는 말이다. 그들의 주장이 일리가 없는 것은 아니지만, 중요한 건 '타이밍'이다. 그저 대선이 다가오니 개헌 논의를 꺼내야 한다는 것은 관성적인 사고일 뿐이다. 해야 할 일이고, 방향이 맞다고 해도 타이밍을 세심하게 살펴야 한다. 새로운 상황이 벌어졌을 때는 그 상황의 경중을 판단해 새로운 판단을 해야 한다. 그럼에도 '하고 싶은 일이고, 해왔던 일'이라는 관행적 사고에 파묻혀 정확한 판단을 못하는 것이다.

정치 현장에서는 항상 어떤 일이든 일어난다. 그런데 벌어진 일이 늘 발생하는 정치 현안, 혹은 일상적인 공방 거리인가를 따져봐야 한다. 나는 최순실 사건의 경우 늘 벌어지는 정치 현안이나 공방 차원을 넘어설 것이라고 본 것이다. 질이 다른 문제였다. 단순 의혹을 넘어 '국정농단'으로 확대될 가능성이 보였다.

만약 내 판단이 맞다면 국민들이 결코 용서하기 어려운 일이라고 봤다. 새로운 상황이 발생했을 때는 새로운 시각으로 접근해야 한다. 그에 맞는 판단과 결정을 상식에 부합하게 해야 한다. 판단과 결정은 상식의 게임이다. 그런데 상식을 저해하는 행위가 바로 관성과 관행이다. 자기가 옳다고 생각하는 것, 자기가 하고 싶은 것, 자기가 해왔던 것이라 하더라도 해야 하는, 할 수 있는 상황이 있고, 하지 말아야 하거나, 할 수 없는 상황이 있다. 그런데 다 무시하고 관성에 따라 판단하고 결정하기 때문에 오판을 하는 것이다.

또 하나 판단 오류의 중요한 이유는 항상 '다수'에 휩쓸려가기 때문이다. 치열하게 고민하고 냉철하게 판단하지 않으면 다른 사람의 의견에 동조하기 쉽다. 일단 들어보면 일리 있는 말이고 맞는 말 같기 때문이다. 주변의 다른 사람이 동조하면 자기도 쉽게 따라가게 된다. 물리의 법칙을 보면 진행 방향을 거슬러 올라가는 것보다 관성에 몸을 맡기는 것이 편하다. 생각의 법칙도 마찬가지다.

이와 같이 관성, 관행, 동조는 두려울 정도로 에너지가 크기 때문에 휩쓸리기 십상이다. 하지만 새로운 상황이 발생하면 누군가 마찰력을 끌어올려 브레이크를 걸어야 한다. 때로는 관성을 완전히 뒤집어 거꾸로 가야 할 때도 있다. 3주 전 우리 당 안에서 '개헌 제안' 이야기가 나왔을 때 내 의견은 소수 의견이었다. 그때 그 자리에서 과감하게 브레이크를 거는 결정을 하지 않았다면 이후 정국 전개는 달라졌을 것이다. 돌이켜보면 아찔한 순간이었고, 훌륭한 결정이었다.

퇴진 투쟁에서 탄핵으로 ————

박근혜 대통령은 최순실 정국에서 살아남기 위해 개헌 카드를 꺼내 들었다가 국민들에 의해 거부되자 다음 카드로 '책임 총리'를 제안해왔다. 셈이 뻔히 보이는 매우 얄팍한 수였는데도 야당은 흔들렸다. 박근혜 대통령은 노무현 정부에서 비서관을 했던 김병준 교수를 '책임 총리'로 천거했다. 국정운영의 권한을 가진 중립적인 총리를 내세운 뒤 자신은 일선에서 한 걸음 물러설 것이고, 남은 임기를 모두 마치겠다는 일종의 절충안이었다.

그런데 김병준 교수가 총리를 할 상황이 아니었다. 김병준 교수는 당시 정국도 제대로 읽지 못하고 제안을 받아들였다. 사실상 박근혜 대통령의 방패막이를 자처한 셈이었고, 결과적으로 우스운 꼴만 되었다.

뻔한 셈이 먹히지 않자, 그 다음에 나온 것이 '국회 추천 책임 총리'였다. 국회가 알아서 총리를 뽑자는 것이다. 국민의당에서 국회의 총리 추천을 먼저 받으라는 '선 총리론'이 나왔다. 야당에서 총리를 추천해 중립내각을 구성하자는 것이었다. 당장의 위기 국면에서 벗어나 나머지 임기를 채우고 싶은 박근혜 대통령 입장에서는 나쁘지 않은 제안이었을 것이다. 박근혜 대통령은 당연히 동의했다. '선 총리론'을 내세우는 쪽에서도 '문재인 대세론'을 함께 흔들고 싶었을 것이다. 그렇기에 '선 총리'를 받아들이면 야권 전체가 흔들리는 상황이 될 것이 불 보듯 뻔했다. 이 역시 국민들이 거부했다. 국민들의 요구는 분명했다. 국민들이 원하는 것은 단 한 가지, 국정에서 완전히 손을 떼라는 '선 하야'였다.

'선 총리론'이 나오자 소셜미디어에는 "국회 추천 총리가 웬 말이나"는 말이 급속하게 퍼져나갔다. 정치인들은 향후 대선 국면까지 정치적 계산을 해 판단하는 데 익숙하지만, 국민들의 판단은 '상식'에 기초한 직관적인 판단이었다.

정보의 유통이 빠르고 광범위한 문명의 시대에는 상식이 정치적 셈법을 이기는 법이다. 그럼에도 불구하고 우리 당 안에서는 '퇴진을 요구할 것이냐 말 것이냐'를 두고 이틀 동안이나 의원총회를 열었다. 당시 박근혜 대통령이 추미애 대표에게 여야 영수회담을 제안했다. 그 상황에서 영수회담을 열면 청와대에 가서 해야 할 말은 딱 한 가지였다.

"자진 하야 하십쇼."

그러면 박근혜 대통령은 거부할 것이고, 그럼 자연스럽게 '퇴진 투쟁'으로 정리가 되는 수순이다. 영수회담 제안을 거부할 이유가 없었다. 그런데 당내에는 "퇴진 투쟁"은 안 된다"고 말하는 의원들이 더 많았다. 영수회담 제안에 대해서도 "청와대에 가야 한다", "가면 안 된다"고 의견이 갈리기도 했다. 국민들은 이미 답을 정해놨는데도 말이다. 국민들은 상식적인 판단 하에 이미 저만치 나아가 있는데, 정치인들은 관행적인 사고에 갇혀 이도 저도 결정을 못하고 있었던 것이다.

사실 더 큰 문제는 그러고도 아무런 결정을 못 내렸다는 것이다. 그렇게 당내에서 우왕좌왕하고 있는 사이 "광화문에 100만 명이 모였다"는 이야기가 들려왔다. 그제야 순식간에 '퇴진 투쟁'으로 가닥이 잡혔다.

'퇴진 투쟁'으로 결론이 난 다음에는 '탄핵'이 쟁점으로 떠올랐다. 정치적 협상에 의해 자진 퇴진을 유도하느냐, 국회에서 정식 탄핵 절차를 거쳐 헌법재판소의 결정을 받느냐의 차이다. 당내에서는 또 의견이 갈렸다. 논쟁이 시작되었을 때 민주당은 탄핵에 부정적인 입장이었다. 이유는 세 가지였다.

첫째, 날씨가 더 추워지면 촛불 시위 열기가 식을 수도 있다.

둘째, 탄핵을 발의했다가 본회의에서 부결될 수도 있다.

셋째, 국회에서 탄핵을 의결해도 보수적인 헌법재판소가 기각할 수도 있다.

매우 신중한 자세였다. 대중의 여론을 정치권에서 좌지우지할 수 없으니 여론 변화의 변수를 걱정할 만했다. 탄핵 또한 결코 쉽지 않다. 국회에서 재적의원 3분의 2 이상의 동의를 받아야 하는데, 그러기 위해서는 새누리당의 탄핵 찬성파를 끌어들여야만 했다. 또한 만약 헌법재판소가 탄핵을 기각이라도 하면 역풍을 맞을 수도 있다.

그러나 나의 상황 판단은 달랐다. 정국은 이미 기호지세騎虎之勢였다. 국민들이 퇴진을 얘기하고 있고, 박근혜 대통령은 스스로 하야하는 방법을 거부했다. 그런 상태에서 유일한 합법적 퇴진 수단은 탄핵뿐이었다. 이것은 정치적으로 유불리를 계산할 문제가 아닌 것이다. 그런데 실제 이뤄질지도 모를 미래의 변수들을 지금의 판단에 대입해 '탄핵은 안 된다'는 신중론을 펴는 것은 판단 오류라고 생각했다. 우상호 원내대표에게 만나자고 했다.

우상호 원내대표와 상당수 의원들은 당시 정국을 대선으로 가기 위한 전략적 디딤돌로 인식했다. 그런데 탄핵은 앞서 언급한 세 가지 위험성을 갖고 있으니, 안전한 '특검 정국'으로 가자는 것이었다. 탄핵을 발의했다 실패하면 우리 쪽 타격이 크기 때문에 특검을 통해 내년 대선까지 공세를 이어가면서 안정적으로 대선 주도권을 쥐고 가자는 것이었다.

이에 나는 디지털 혁명과 융합으로 촉발된 문명의 변화부터 민심의 작동 방식 변화까지 4시간을 이야기했다. 그랬더니 우상호 원내대표가 "탄핵이 성공할 수 있다고 확신하느냐"라고 물었다. 나는 이렇게 답했다.

"성공하든 실패하든 그 길밖에 없습니다. 특검은 나중 문제이고, 최후를 위해 남겨둘 미니멈 카드입니다. 왜 탄핵이 안 된다고 생각하십니까. 지금은 촛불 민심을 보고 달려가야 할 때입니다. 지금 사건은 전대미문의 황당한 국정농단 사태입니다. 특히 점잖은 보수일수록 박근혜 대통령에 대해 더 심한 욕을 하기 시작했습니다. 보수 진영이 해체되고 있습니다. '최순실 태블릿'까지 나와 국민들은 끝장을 보겠다고 몰려드는데 정치권이 관행적 사고로 바라보는 게 맞습니까? '국민은 퇴진, 국회는 탄핵'이 정답입니다."

나의 강변에 우상호 원내대표는 "탄핵에 대해서도 고민하겠다"라고 말하며 헤어졌다.

우상호 원내대표의 고민이 이해되지 않는 것은 아니었다. 노무현 대통령에 대한 탄핵이 헌법재판소에서 기각된 적이 있다. 그런데 그때는 말도 안 되는 이유로 정치적인 탄핵을 한 것이었기 때문에 역풍이 거세게 불었다. 노무현 대통령에 대한 탄핵을 반대하는 촛불시위가 대규모로 열렸다. 박근혜 대통령에 대한 탄핵과는 정반대인 상황이었던 것이다. 그래서 헌법재판소도 부담 없이 기각 결정을 내릴 수 있었다. 그런데 이번에는 국민들이 먼저 박근혜 대통령에 대한 탄핵을 요구하면서 촛불을 든 상황이었다. 국회에서 탄핵안이 의결되면 헌법재판소는 헌법과 법률에 의해 판단하겠지만, 국민들의 여론을 무시할 수 없는 상황인 것이다.

특검 전략도 나름 일리는 있었다. 국정농단의 증거들이 계속 나오는 상황이었기 때문에 특검을 실시하면 각종 부정과 비리, 적폐가 양파 껍질처럼 계속 드러났을 것이고, 대선 때까지 안정적으로 정국을 리드할 수 있었을 것이다. 불확실한 탄핵보다 확실한 특검에 솔깃할 수밖에 없다. 정치적 계산으로 가면 훨씬 안정적이다. 그러나 이는 전형적인 관행에 젖은 관성적 사고라 볼 수밖에 없다. 시대가 바뀌었다는 점을 간과했다.

대선에서 유리하다고 해서 국민들의 정서를 무시해서는 안 된다. 당시 국민들은 확실하게 퇴진이라 결론을 내리고, 국회에 탄핵을 요구하고 있었다. 예전에야 사람들이 뉴스나 유력 인사의 말에 좌지우지되었지만 이제는 모두 스마트폰으로 서로의 의견을 긴밀하게 나누고 있다. 국민은 퇴진을 요구하고 국회는 탄핵을 하는 것이 지극히 상식적인 결론이고 문명의 전환에 부응하는 것이다.

만약 정치적 계산에 의한 결정을 내리게 된다면 정국은 안정적으로 리드할 수 있겠지만, 자칫 우리 스스로가 시원찮은 집단이 되는 것이다. 그러면 정치적 계산대로 유리한 상태로 대선까지 간다 해도 국민들은 그 대안으로 결코 우리를 선택하지 않을 것이다. 아무런 정치적 계산도 전략도 필요 없는 상황이었다. 탄핵 의결정족수 표계산과 보수적인 헌법재판소가 두려운 마음이야 이해하지만 답은 이미 나와 있었다. 그냥 정도를 걸으면 되는 것이다.

탄핵발의를 결정한 우상호 원내대표의 결정은 시기적절했다. 특히 결정 후 탄핵 추진과정에서의 정치력은 매우 돋보였다. 잘한 결정에는 늘 시대와 문명의 원리에 대한 해석이 뒷받침된다.

2

성공한 결정

유권자의 마음을 파고드는 한마디

남양주에 조응천을 공천하다

　2020년 4월 제21대 국회의원을 선출하는 총선이 열린다. 선거에서 이기기 위한 결정은 무엇일까? 정책 전략을 세우거나 정국 대응을 위해서도 중요하지만 선거 때 무엇보다 중요한 것은 핵심적인 '키워드'를 찾는 것이다. 잘 찾은 키워드는 효율적인 전략으로 이어지고 좋은 슬로건으로 나타난다. 내가 직접 겪었거나 관찰한 구체적 사례를 통해 이기는 결정을 위한 키워드 탐색 방안을 살펴보고자 한다.

　문재인 대표와 공들여 영입한 조응천 후보는 2016년 총선을 불과 23일을 앞두고서야 출마 지역구가 내 지역구이던 남양주로 결정되었다. 이 과정에서 우여곡절이 있었다. 앞서 소개한 것처럼 조응천 후보를 어렵사리 영입했다. 김원기 전 국회의장님과 정세균 전 대표는 "조응천의 존재감만으로도 총선과 대선에서 많은 역할을 할 것"이라고 환영했다.

그런데 당내에는 반발하는 이들이 몇몇 있었다. "저런 사람을 왜 영입했느냐?"라는 것이었다. 박근혜 정부에서 청와대 비서관을 했다는 이유로 그냥 단순하게 '박근혜 사람'으로 취급한 것이다. 당시 김종인 비상대책위원장도 조응천 후보에게 공천을 주는 것에 부정적이었다. 하지만 조응천 후보가 정치인도 아니고 검사로서 청와대에 파견 근무한 공직자일 뿐인데 공천을 안 주겠다는 것은 부당한 처사였다.

영입에 책임이 있는 사람으로서 나는 김종인 비대위원장에게 "조응천 후보를 성북구에 공천해주시죠"라고 요구했다. 그랬더니 "사무실부터 차려라"라는 답이 돌아왔다.

주변에서는 "그럼 공천을 주겠다는 것 아니냐"라고 했지만 나는 다르게 해석했다. 당시 성북구는 예비후보로 기동민 후보가 이미 뛰고 있었다. 그런 상황에서 "성북구에 사무실부터 내라"는 것은 경선을 치르라는 뜻이었다. 그런데 경선을 치르게 되면 상황이 묘하게 돌아갈 것 같았다. 기동민 후보는 서울시 정무부시장까지 했던 인물이다. 만약 문재인 대표가 영입한 조응천 후보가 기동민 후보와 경선하게 된다면 대권 주자인 문재인과 박원순의 대리전 구도가 형성되는 것이다.

이건 조응천 후보가 경선에서 유리하냐 불리하냐를 뛰어넘는 문제였다. 국민들에게는 당내 갈등, 패권 다툼 상황으로 비춰져 총선 전체에 악영향을 끼칠 수 있었다. 국민들은 자기 지역구가 아니더라도 총선 전체 판을 보면서 각 정당의 태도와 행태를 판단해 표심을 결정하기 때문이다. 그런데 김종인 비대위원장에게 이런 사정을 호소해도 먹히지 않았다.

거의 총선이 임박한 막판에 와서야 문재인 대표가 미안해하며 내게 조심스럽게 "남양주는 어떻겠냐"라고 물어봤다. 나는 "당선을 장담할 수 없지만 대표님 생각이 제 생각과 너무 똑같습니다"라고 말했다.

남양주는 2004년 제17대 총선부터 2012년 제19대 총선까지 내가 남양주갑 선거구에서, 박기춘 의원이 남양주을 선거구에서 내리 3선을 해왔다. 그러다 나는 2015년에 이미 불출마를 선언했고, 박기춘 의원도 사건이 있어 불출마해 2016년 총선에서는 현역 의원 자리가 모두 공석이 되었다. 게다가 신도시 개발로 인구가 늘어 갑·을·병 3개 선거구로 분구되어 자리가 하나 더 생긴 터였다. 하지만 조응천 후보를 공천하기에는 풀기 어려운 난제가 하나 있었다.

사실 조응천 후보는 서울이 어울렸다. 지방의 농촌 지역일수록 어

성공하는 결정, 실패하는 결정

디서 태어나 초중고는 어디서 나왔고, 지역에서는 어떤 활동을 했는지 등 지역 연고를 따지는 경향이 강하다. 그래서 여러 개의 시군이 통합된 선거구에서는 인구가 많은 지역 출신 후보가 유리하기도 하다. 이에 비해 서울은 후보의 지역 연고를 따지지 않고 투표를 하는 성향이 있다.

남양주는 도농복합 지역이다. 도심 지역도 있지만 읍면 등 농촌 지역도 꽤 넓다. 그래서 지역 연고에 어느 정도 영향을 받는다. 상황이 그러한데 출마 예상 지역에 연고도 없고 아무 활동도 하지 않았는데 선거 개시 임박해서 출마를 하는 것은 최악의 조건이나 마찬가지였다. 문재인 대표도 내게 '남양주'를 제안하면서 조심스러울 수밖에 없었던 것은 당선 가능성이 낮기 때문이었다.

남양주는 그때까지 내가 12년 동안 온갖 공을 들이며 정이 든 곳이었는데, 내가 불출마하기 때문에 다른 당에 넘어가면 너무 아플 것이라는 것을 잘 알고 계셨던 것이다. 그렇다고 조응천 후보에게 "별주부로 돌아가세요"라고 영입을 없던 일로 할 수도 없는 노릇 아닌가. 다른 선택의 여지가 없었다. 조응천 후보는 선거를 23일 앞두고 남양주에 공천을 받았다.

남양주 출마를 선언한 뒤 여론조사를 보니 상대 후보에 26.7%포인트 차이로 지는 걸로 나왔다. 당연했다. 상대 후보인 새누리당 심장수 후보는 나와 12년 동안 대결을 펼치며 표밭을 갈고 닦아왔던 인물이다. 게다가 상대 후보는 조응천 후보와 같은 서울대 법대에 같은 검사 출신이어서 차별성을 갖기도 어려웠다.

처음 당에서 조응천 후보를 영입했을 때 호감을 표시했던 남양주 지역 핵심 당원들도 막상 조응천 후보가 서울이 아니라 남양주에서 출마하게 되자 거부감을 보이기도 했다. 조응천 후보도 어색한 인물이었지만 당선 가능성이 낮다고 봤기 때문이다.

핵심 당원들까지 그런 태도를 보이니 나로서는 미칠 지경이었다. 그저 "다들 어렵지만 최선을 다하자"는 입에 발린 소리만 할 수밖에 없었다. 그럼에도 불구하고 최측근 인사들조차 "아니 박근혜 정부에서 쫓겨난 사람이 왜 하필 남양주냐"라고 반발하기도 했다. 당원들까지 이런 반응이니 정말 쉽지 않겠다는 생각이 들었다.

승리를 이끈 조응천의 슬로건, 4명의 대통령이 부른 사람 ─────

총선 19일을 남기고 조응천 후보에게 "소주 한잔하자"라고 청했다. 조용한 곳에 자리 잡고 앉아 조응천 후보에게 살아온 이야기를 해달라고 했다. 그에 대해 알아야 내세울 거리를 찾을 수 있으니까. 어떤 생각을 갖고 있는지 등에 대해 이런저런 이야기들을 나눠봤지만 내세울 만한 내용이 보이지 않았다. '어렵겠구나…' 거의 자포자기 상태로 자리를 마무리하려다 문득 생각이 나서 무심결에 질문 하나를 툭 던졌다.

"청와대는 언제부터 있었던 겁니까?"

그런데 전혀 예상하지 못했던 답이 돌아왔다.

"DJ 때부터 있었습니다."

'김대중 정부 때부터 있었다고?' 그 사실을 나는 그때 처음 알았다. 조응천 후보는 검사 시절 이미 김대중 정부 민정수석실 행정관으로 발탁되었던 것이다.

호기심이 샘솟았다. 그래서 "기억에 남는 업무가 뭐였냐?"라고 물었더니 "인권법 업무를 했던 것이 기억에 남는다"라고 답했다. 아니, 대한민국 인권의 상징이라 할 수 있는 김대중 대통령의 정부에서 인권법 초안 작업 과정을 담당했다니. 우리가 그동안 알고 있었던 '박근혜 문고리 3인방에 의해 쫓겨난 조응천'과는 완전히 다른 스토리였다. 조응천 개인에게는 우리가 잘 모르던, 그러니까 대중이 잘 모르는 전혀 다른 역사가 있었던 것이다.

그래서 내친 김에 "노무현 정부 때는 뭐 하셨습니까?"라고 물었다. 그랬더니 그때는 부패방지위원회 조사단장을 했다는 것이다. 노무현 대통령은 취임하자마자 '검사와의 대화'를 하면서 검찰 개혁에 강한 의지를 내세웠고, 재임 기간 동안 추진한 검찰 개혁 어젠더의 핵심 정책이 검사 등 고위 공직자 비리에 대한 수사 기능 강화였다.

그 당시 부패방지위원회에서 이른바 '고위공직자수사처(공수처)' 법안을 추진했는데, 조응천 후보가 공수처법 초안을 성안했다는 것이다. '검사 출신이면서도 노무현 정부에서 공수처법을 만든 사람'이었다.

이후 이명박 정부에서는 국정원장 특보를 하다 영포라인이랑 마찰이 있어서 나왔다고 하고, 박근혜 정부에서는 모두 알다시피 '문고리 3인방'에게 쫓겨났다. 조응천 후보를 잘 모르는 사람들은 박근혜 정권에서 승승장구하다 내쫓기니 민주당으로 넘어온 철새 취급을 하기도 했지만, 실제로는 김대중-노무현 정부에서 정권의 핵심 어젠다를 수행하던 전혀 다른 인물이었던 것이다.

갑자기 머릿속이 맑아지고 눈이 환해지는 기분이 들었다. 나는 대화를 마친 뒤 자리를 털고 일어나 선거 기획사에 얼른 전화를 걸었다.

"슬로건은 내가 뽑을 테니, 디자인만 우선 편집해주십쇼."

전화를 끊고 두세 시간 고민 끝에 이미 정해뒀던 슬로건을 교체했다.

원래 준비한 슬로건은 '빠른 정권 교체, 더 빠른 남양주 발전'이었다. 당시 슬로건을 만든 팀의 생각은 이랬다. "정권교체 분위기가 있으니까 조응천 후보 정도면 정권교체 역할을 할 수 있다. 그리고 남양주 발전 능력을 내세우자." 그런데 이 슬로건은 설득력이 떨어

성공하는 결정, 실패하는 결정

졌다. 솔직히 말해서 남양주에 온 지 23일밖에 안 되어 남양주 파악
도 제대로 안 되었으니 말이다. 그래서 내가 슬로건을 다시 썼다.

'4명의 대통령이 부른 사람. 부당한 권력에는 맞선 사람'

지금 생각해봐도 아주 좋은 슬로건이었다.

선거 당시의 시대성을 분석해보면 '정권 심판' 정서에 따른 정권
교체 기대감과 '공정'과 '정의'에 대한 갈망이 뒤섞여 있었다. 그런
면에서 '4명의 대통령이 부른 사람'은 후보자의 능력을 돋보이게 한
다. 능력이 뛰어나기 때문에 정권교체 후에도 중요한 역할을 할 수
있다는 기대감을 갖게 한다. '부당한 권력에는 맞선 사람'은 공정과
정의를 상징한다. 한마디로 '정의롭고 능력 있는 사람'이라는 이미
지가 딱 떠오른다. 시대가 부른 인물인 것이다.

슬로건을 교체한 후 남은 일은 열심히 홍보하고 다니는 일뿐이
었다. 나는 조응천 후보와 같이 다니지도 않았다. 한 사람이라도 더
만나고 홍보해야 하니까. 그렇게 정신없이 뛰어다니다 투표일이 되
었다.

249표 차의 극적인 승리

개표가 시작되고 시간이 얼마 지났을까. 개표장에 가 있던 보좌

관에게서 전화가 왔다. "졌습니다." 방송사 출구 조사 결과도 패배를 예고하고 있었다. 가슴이 마구 아려왔다. '12년 동안 내가 공들이며 최선을 다해온 지역구를 빼앗기다니.'

못 견딜 정도로 속상했다. 일단은 이와 같은 현실에서 벗어나고 싶었다. 맥주와 소주를 사서 집에 가서 반반씩 섞어 단숨에 5잔을 들이켰다. 잠들지 않으면 견딜 수 없을 것 같았기 때문이다. 그렇게 잠이 들었다. 그런데 시간이 얼마나 흘렀을까. 휴대전화 벨 소리가 울려 잠에서 깼다. 조응천 후보의 선거운동을 하던 내 전 보좌관이었다. 휴대전화에서 다소 상기된 목소리가 들려왔다.

"아직 개표함이 하나 남았습니다."

아직 열지 않은 사전투표함 하나가 남아 있었던 모양이다. 한 가닥 희망이라도 있을까. 정신을 차리고 일어나 선거 사무실에 다시 나갔다. 당시 선거사무실 1층은 조응천 후보가, 3층은 상대 후보가 쓰고 있었다. 상대 후보 사무실은 이겼다고 이미 축제 분위기였다.

나는 조응천 후보가 있는 방에 들어가 문을 걸어 잠그고 조 후보와 마주 앉았다. 조 후보는 안절부절못하고 어떻게 될 것 같으냐고 물었다.

나는 차분하게 답했다.

"개표함에 들어 있는 표를 내가 어떻게 알겠습니까. 최근 결과는 지는 걸로 나왔는데, 일단 지켜봅시다."

사실 그 말밖에 해줄 수 있는 말이 없었다. 그럼에도 조응천 후보는 "의원님은 경험이 있어 알지 않습니까?"라고 여전히 초조해했다. 나는 다시 그를 진정시켰다.

"이건 그냥 기다려야만 알 수 있는 겁니다."

이 말과 함께 이용희 전 국회부의장의 이야기를 전해줬다. 이 전 부회장은 도의원 선거부터 국회의원 선거까지 열여섯 번 넘게 선거를 했던 분이다. 그 분 말씀이 선거 때는 앞뒤, 밤낮 가리지 않고 최선을 다해 선거운동을 한 다음에 개표가 시작되면 바로 잔다고 했다.

"만약 중간에 누가 깨우면 이긴 거고, 누가 깨우지 않고 일어났는데 날이 훤해 있으면 진 거야."

딱 맞는 말씀이었다. 선거운동 기간에는 후보든 운동원이든 최선을 다해야 하지만, 투표가 종료되고 개표가 시작되면 후보는 아무것도 할 수 있는 일이 없다. 후보가 사무실에 설치된 대형 TV 앞에 앉아 개표 내내 방송 중계 보면서 마음을 졸인다고 해서 결과가 바뀌지는 않는다. 내 아내는 어머니도 개표방송을 못 보게 한다.

이런 이야기를 하고 있을 때 조 후보에게 전화가 걸려왔다. 친구였던 것 같은데 목소리가 크고 흥분해 있어 휴대전화 밖으로 말소리가 다 들릴 정도였다.

"투표함 하나 남은 거 열었는데, 네 표가 많이 나오고 있다며?"

흥분한 친구의 말을 듣던 조 후보는 "투표함에 손을 댈 수 있는 것도 아니고 우리가 뭘 할 수 있겠냐. 그냥 침착하게 개표나 지켜봐?"라고 꾸짖듯 대꾸하는 것이다. 방금까지만 해도 안절부절못하던 사람이! 그러고는 전화를 끊고 다시 초조해했다.

개표는 마지막까지 영화 같았다. 결국 조응천 후보가 249표 차로 이겼다. 젊은 층이 많이 사는 호평동, 평내동 등에서 많은 표를 받아 막판 역전극이 가능했다. 하지만 무엇보다 마지막에 이길 수 있었던 것은 선거운동 마지막 날 마지막 종료 시간까지, 끝까지 포기하지 않았기 때문이다. 핵심 당원들의 반대에도 포기하지 않았기에 23일 만에 26.7%포인트의 여론조사 열세를 극복할 수 있었다.

워낙 격차가 커 사실 나도 '질 것 같다'는 불길한 예감이 들지 않았던 것은 아니다. 그럼에도 불구하고 포기하지 않고 끊임없이 반전의 포인트를 찾아 헤맸다. 그렇게 찾아낸 포인트가 민심에 부합하고 먹히면 되는 것이다.

'지겠다'는 생각이 지배하게 되면 판단을 하고 결정을 해야 할 타이밍을 놓치고 선거에 수동적으로 임하게 된다. 재미가 없어지고 끌려다니게 된다. 선거는 심리 싸움이기도 하다. 아무리 불리한 선거라도 선거 마지막 날 유세 동선을 어떻게 짤지, 선거 종료 순간 유세 연설문은 어떻게 정할 것인지 등등 결정해야 할 일이 수두룩하다. 그런데 심리가 무너지면 잘못된 결정은 물론, 결정 자체를 못하게 되는 경우가 많다. 투표가 종료될 때까지 끊임없이 결정의 순간들이 찾아온다. 포기하지 않아야 타이밍을 놓치지 않을 수 있다.

나는 조응천 후보의 당선이 확정된 그 마지막 순간에도 내 나름의 결정을 해야 했다. 당선 소감을 듣기 위해 사무실 밖에 기자들이 몰려들 터였다. 극적인 승부였기 때문에 다른 곳보다 더 많은 기자들이 몰려올 것이었다. '정청래가 공천탈락한 자리에 출마한 손혜원', '최재성이 불출마하고 그 자리에 출마한 조응천'은 당연 언론의 스포트라이트를 받을 수밖에 없었다.

나는 '이제 빠져나가야겠구나'라는 생각에 옆문으로 조용히 나와 사무실을 떠났다. 만약 내가 거기 있어 조응천 후보와 함께 언론 앞에 섰다면 "최재성 불출마한 자리에 출마한 조응천 후보가 249표 차로 드라마와 같은 승리를 거뒀다"는 식으로 보도가 나갔을 것이고, 조응천 후보의 정치 행로 내내 '최재성 불출마 자리에서 당선', '최재성 덕분에 당선되었다'며 내 이름이 그에게 꼬리표처럼 따라다녔을지도 모른다. 나는 내가 매우 인간적인 결정을 했다고 생각한다.

나중에 보좌관들이 나에게 전화를 걸어 어디 있냐고 찾았다. 나는 집에 있었지만 나를 찾을 수 없게 "볼 일이 있어 나와 있다"라고 둘러댔다. 그 사이 조응천 후보는 언론과의 인터뷰를 홀로 다해냈다.

그러고서 새벽 4시쯤 조 후보에게서 전화가 왔다. "어디십니까?

(언론 대응이) 다 끝났습니다." 그때서야 나는 조 후보와 조용히 만나 남양주의 작은 호프집에서 회포를 풀었다.

만약 슬로건을 교체하지 않았다면 조응천 후보는 당선되었을까? 나는 낙선되었을 것이라 확신한다. 왜 조응천이냐의 포인트는 정권교체 선봉, 남양주 발전이 아닌 능력과 정의였기 때문이다. 유권자의 요구, 후보의 특장점, 상대 후보와의 차별성을 집약해서 보여준 슬로건이다. 아니다 싶으면 교체하는 과감한 결정이 빛을 본 사례이다.

대중의 공감을 얻는 좋은 슬로건의 기준

'서울을 이기자', 졌지만 좋은 슬로건의 사례

　슬로건에 관한 일화를 소개하자면 김민석 전 의원 이야기를 빼놓을 수 없다. 1992년 제14대 총선에서 고배를 마신 그가 1996년 제15대 총선에서 영등포에 다시 출마했을 때 상대 후보는 유명 배우인 최불암 씨였다.

　최불암 씨는 제14대 국회에서 비례대표를 한 현역 의원이었고, 제15대 총선에서는 여당인 신한국당 후보로 출마를 했다. 김민석 후보도 서울대 총학생회장 출신의 젊고 전도유망한 정치인이었지만 누가 봐도 불리한 싸움이었다.

　그런데 그때 김민석 후보가 내건 슬로건이 압권이었다.

'최불암은 무대로, 김민석은 국회로'

이 슬로건으로 김민석 후보는 당시 '국민 아버지'로 불리며 최고의 인기를 누리던 최불암 씨를 누르고 초선 국회의원이 되었다.

이후 2000년 총선에서 재선에 성공했고, 2002년 월드컵이 한창이던 때 이명박 후보에 맞서 서울시장에 출마했다. 워낙 일찍 정치권에 진출해 그때도 김 전 의원은 30대의 나이였다. 그때 슬로건은 '믿는다. 김민석'이었다. 언뜻 들으면 좋은 슬로건인데 전략적으로는 득표에 도움이 안 되는 슬로건이었다. 어린 나이를 커버하기 위한 슬로건이었겠지만, 듣는 순간 무언가 2% 부족한 사람이라는 느낌이 들게 한다. '믿는다. 김민석'이라는 말을 듣는 순간 '믿어도 될까?', '왜 믿으라고 하는 거지?'라고 한 번 더 생각하게 만드는 '의심 유발형' 슬로건이다.

정치적 부침을 겪던 김민석 전 의원은 2010년 지방선거에서 부산시장 출마를 선언하고 경선에 뛰어들었다. 경선 상대는 부산에 기반이 강한 김정길 후보였다. 그때 김민석 전 의원이 내건 슬로건이 '서울을 이기자!'였다. 굉장히 공격적이고 좋은 슬로건이었다. 다만 본선이 아닌 경선용 슬로건으로는 적합하지 않았다는 아쉬움이 남는다.

김민석 후보는 선전했지만 경선에서 탈락했다. 만약 이 슬로건이 본선에서 사용되었다면 상당한 반향을 일으켰을 거라고 생각한다.

당시 부산 경제가 내리막길을 걷던 상황이었는데, 대통령은 서울시장을 한 이명박 대통령이었다. 부산 시민들이 '서울', '수도권'에 대한 소외감, 박탈감을 느끼고 있던 시점이었다.

'서울을 이기자!' 부산 시민들에게는 여러 생각이 들게 하는 느낌 있는 슬로건이었다. '중앙'과 '지방', '과거'와 '미래', '서울시장 출신의 대통령'과 '부산 르네상스를 이끌어갈 젊은 정치인.' 여러 가지 대비가 이미지를 연상시키는 슬로건이다.

단순히 '부산 르네상스', 이런 식으로 나가면 대비점이 없어 이미지가 바로 떠오르지 않는다. '서울'이라는 대척점을 세워놓으니까 머릿속에서 자동으로 그림이 그려지는 것이다. 다시 한 번 강조하지만 좋은 슬로건을 만들기 위해서는 '키워드'를 잘 찾아내야 한다.

김민석 전 의원과 이름으로 얽힌 사연은 한 가지가 더 있다. 지금은 더불어민주당의 약칭으로 '민주당'을 쓰는 것이 자연스럽지만 2016년 총선 때까지는 그렇지 못했다.

2014년 3월 당시 김한길 대표가 안철수 전 대표와 합당을 하면서 '민주당' 이름을 떼고 '새정치민주연합'이라는 이름으로 바꾸었다. 그로 인해 '민주당'이라는 이름이 선거관리위원회에 공매로 넘어가게 되었다. 더 이상 우리가 쓸 수 없는 이름이 된 것이다. 그때 '민주당'이라는 이름을 가져간 이가 김민석 전 의원이었다. 김민석 전 의원 측에서 선관위에 응찰해 당명을 가져가 '민주당'이라는 이름으로 창당을 했다.

나중에 새정치민주연합이 분당이 되고 우리는 더불어민주당이라는 이름을 다시 지었지만 선관위에 문의한 결과 우리는 '민주당'이라는 이름을 쓸 수 없었다. 그래서 우리는 약칭을 '더민당', '더민주' 정도만 쓸 수 있었다. 그래서 2016년 총선 뒤 추미애 대표 취임 후 대선을 대비해 '민주당' 이름을 가져오는 작업을 우선적으로 추진하도록 설득했다. 역사가 있는 이름인데, 누군가가 '민주당'이라는 이름을 가져다 정치 세력화해 출마를 하면 유권자들은 헷갈릴 수밖에 없다. 그래서 이름을 가져오자고 한 것이다.

김민석 전 의원을 영입하면서 '이름을 가져올 것'을 조건으로 내세웠다. 그래서 형식상 합당을 통해 이름을 되찾을 수 있었다. 별것 아닌 것 같지만 이름을 통한 정체성을 유지하는 것도 매우 중요한 일이다. 당이 절체절명의 위기에 처하거나 합당, 분당 등으로 인해 분골쇄신하는 자세로 이름을 바꿀 수는 있지만, 역사와 전통을 관통하는 이름을 유지할 필요는 있다.

보수 진영에서는 위기 때마다 이름을 바꾸어왔다. 1990년대 이후만 봐도 민주자유당, 신한국당, 한나라당, 새누리당을 거쳐 지금은 자유한국당이 되었다. 과거 민정당(민주정의당)은 '군사독재'의 이미지가, 한나라당은 '차떼기'(불법 대선자금)의 이미지가, 새누리당은 '최순실 사태와 탄핵'의 이미지가 새겨져 있어 이름을 계속 바꿔야 했다.

우리나라 보수 진영은 이름 어디에서도 정통성을 찾아볼 수 없는 딱한 처지이다.

시대정신과 이미지에 어울리는 키워드를 찾고 널리 알리기 ────

'사람이 먼저다.'

문재인 대통령이 2012년 대선에 출마했을 때 사용한 슬로건이다. 좋은 슬로건은 아니었다고 본다.

당시 이명박 대통령에 대한 여론이 좋지 않았고, 정권교체에 대한 요구가 제법 강했다. 한번 빼앗긴 정권을 되찾느냐 마느냐의 갈림길이었고, 대한민국은 디지털 시대로 접어들고 있었다. 스마트폰 보급이 4,000만 대에 이르면서 디지털 융합 문명으로 급속하게 변화했다. '변화를 위한 정권교체'가 시대에 맞는 키워드였는데, 슬로건이 '사람이 먼저다'였다. 이는 철학적 지향이지, 아무런 내용이 뒷받침되지 않는 슬로건이다. 그런데 이것이 메인 슬로건이 되었다.

내 생각에는 "대선을 통해 정권을 체인지하고 한국 사회도 체인지하는 '빅 체인지'를 이루어야 한다. 그러기 위해 문재인으로 바꿔달라"고 하는데 방점이 찍혔어야 했다. 1997년 대선에서 김대중 후보는 '준비된 대통령'을 메인 슬로건으로 내세웠다. 이 슬로건을 통해 '정권교체를 할 준비가 다 되었다'는 심플한 메시지를 전달했다.

2002년 대선에서 여론조사를 해보면 노무현 후보가 경력, 청렴도 등 거의 모든 분야에서 이회창 후보에게 열세였다. 딱 하나 강점이 있었는데 '정치개혁'이었다. 노무현 본인 자체가 지역 구도에 항거 하면서 자기를 희생했던 인물이다. 그래서 슬로건 포인트를 '개혁' 으로 가져간 것이었고, 시대적 요구에도 부합하는 키워드였다.

그런데 '빅 체인지'의 철학적 기조가 사람 중심이라는 것은 맞는 말이지만, '사람이 먼저다'는 유권자들에게 학습을 요구하는 슬로건 이다. 유권자들은 '사람이 먼저다'라는 소리를 들으면 "이게 뭘 의미 하지?"라는 고민을 하게 된다. 게다가 돌아가신 노무현 대통령의 그 늘이 강한 슬로건이었다. '사람 중심', '사람이 먼저다', '사람 사는 세 상'과 같은 키워드는 노무현 대통령 이미지가 너무 강해서, 어쩌면 노 대통령 그 너머에 있는, 어쩌면 노 대통령을 뛰어넘어야 하는 문 재인 후보만의 비전을 가려버린다.

반면 2017년 대선은 슬로건을 잘 잡았다. '나라를 나라답게.' 박 근혜 대통령에 대한 촛불 탄핵 이후 치른 대선임을 감안하면 시대 정신과 키워드를 모두 아우르는 좋은 슬로건이었다.

'저녁이 있는 삶.' 좋은 슬로건이다. 사람들이 행복한 모습을 상 상하게 만든다. 그림이 그려지는 슬로건이다. 그런데 왜 이 좋은 슬 로건은 후보를 승리로 이끌지 못했을까? 누구나 '저녁이 있는 삶'에 공감하지만 이걸 들고 나온 사람의 행보를 봤을 때 과연 신뢰할 수 있느냐는 다른 문제다.

손학규 전 대표가 주로 내린 '결정'은 '칩거'였다. 손 전 대표는 공교롭게도 정치 레이스에서 룰과 규칙이 불리하다고 판단되거나 선거에서 지면 칩거를 결정했다. 국가나 정당을 위한 결단으로 인식되기 어려웠다. 그런 이미지가 있었기 때문에 유권자에게 본인이 내세운 슬로건을 반드시 이뤄줄 수 있다는 믿음을 주지 못했다.

결국 아무리 훌륭한 슬로건이라도 본인의 이미지와 맞지 않으면 소용없는 셈이다. 조응천의 사례에서 봤듯이 자신에게 가장 어울리는 키워드와 슬로건을 찾아야 유권자들이 공감할 수 있는 것이다.

또 한 가지 중요한 점이 있다. 구슬이 서 말이어도 꿰지 않으면 소용없듯이 슬로건이 아무리 훌륭해도 효율적으로 전파하지 않으면 소용없다는 점이다. 2015년 내가 사무총장이던 시기 손혜원 씨가 홍보위원장으로 왔다. 그전까지만 해도 민주당에 홍보 전문가가 홍보위원장으로 온 적이 거의 없었다. 반면 새누리당은 조동원 홍보기획본부장이 온 이후로 카피도 잘 뽑고 홍보도 잘했다. 홍보 분야에서는 우리가 수십 년 전부터 져왔지만, 밀리는 정도로 치면 조동원 본부장이 활동하던 그 당시가 최악이었다.

그런데 손혜원 위원장이 오면서 디자인 자체로는 밀리지 않게 되었다. 손혜원 위원장 팀이 뛰어난 역량을 발휘했다. '더'라는 글자를 모티프로 손혜원 위원장 팀에서 세련된 홍보물 디자인을 뽑아냈다. 그리고 당시 투표를 통해 당명을 '더불어민주당'으로 바꿨다. 교가 같았던 당가도 작곡가 김형석 씨가 응원가 풍(더더더송)으로 만들었다. 게다가 영입인사 입당 콘서트에 동원도 안 한 시민들 수천 명이 모여들었다. 구시대적 촌스러움을 어느 정도 벗고 새로운 시대에 맞는 세련됨이 더해졌다. 현수막 디자인이 좋아졌다는 말이 많이 들려왔다.

문제는 걸지 않으면 아무 소용이 없는 것이다. 디자인의 문제도 있었지만 우리 당의 더 큰 문제는 새누리당만큼 열심히 현수막을 걸지 않는다는 것이었다. 좋은 디자인이 힘을 발휘하기 위해서는 걸어야 한다. 유권자들이 봐야지, 우리끼리만 돌려보고 좋다고 하면 무슨 소용인가. 중앙당 홍보팀 컴퓨터 안에만 있으면 누가 알아주겠나.

현수막을 한 장이라도 더 걸기 위해 당 시스템을 정비했다. 당시 현역 의원의 지역위원회는 당에서 얼마, 원외 지역위원회일 경우에는 조금 더 보태서 얼마, 취약 지역은 100% 중앙당 지원, 이런 식으로 차등적인 지원안을 만들어 현수막 게재 시스템을 정비했다. 그리고 실행 여부를 점검하기 위해 시도당 사무처장이 실시간으로 현수막을 건 현장 사진을 찍어 보고하라고 했다. 그래도 안 하는 지역이 있었다. 특히 현역 의원 지역이 더 그렇다. 그래서 이 모든 걸 지역위원회 위원장 평가에 반영한다고 했다.

거리 곳곳에 현수막이 촘촘히 걸리기 시작했다. 뭔가 당이 돌아간다는 느낌이 들었다. 유권자들은 이 '느낌'을 금방 눈치챈다. 유권자들에게는 현수막만으로도 "이 당이 이제 제대로 돌아가고 있구나"라고 생각하게 된다.

슬로건의 3요소:
시대성, 시기성, 상대성

잘하는 것만 내세우는 것은 패착에 빠지는 지름길

이제 내 슬로건 이야기를 해볼까 한다. 2004년 처음 남양주에 출마했을 때 상대 후보는 대학교 건축과 교수였다. TV에도 종종 나와 제법 인지도가 있는 인물이었다. 남양주는 그때만 해도 개발이 덜 된 상태여서 지금처럼 아파트가 많지는 않은 지역이었다. 그런데 그 후보는 슬로건을 '아파트 박사'로 내걸었다. 로고송도 〈아파트〉를 개사해서 불렀다.

당시 노무현 대통령에 대한 탄핵 역풍이 불고 있었지만 전반적인 선거 환경은 나에게 불리했다. 탄핵 역풍을 맞은 구 민주당이 수도권에서 평균 5% 득표도 힘들던 때인데, 남양주 내 지역구만큼은 구

민주당의 득표율이 16%였다. 구 민주당 후보가 신낙균 전 장관으로 본인 자체가 거물급 정치인인데다, 집안도 남양주에 일가를 이루는 등 지역 연고가 깊어 기본적인 지지기반이 탄탄했다. 민주노동당도 출마를 했다. 민주진보 진영이 분열되어 어려운 선거였다.

그런데 결정적으로 유력한 후보였던 한나라당 '아파트 박사' 후보가 실책을 한 선거였다. 내가 상대해본 상대 후보 슬로건 중 가장 안 좋은 슬로건이었다. 아무리 본인이 부동산 관련 교수이고 본인의 전문성을 내세웠다고 하더라도 시대의 흐름을 전혀 읽지 못한 슬로건이었다. 당시 노무현 대통령에 대한 탄핵으로 국민들의 분노가 들끓던 시기인데 전혀 다른 세상에서 온 것처럼 떠든 것이다.

선거는 시기성과 상대성이 중요하다. 보통 자기가 잘하는 것만 갖고 이야기하는데, 패착에 빠지기 쉬운 지름길이다. 당시 내 슬로건은 이거였다. '정치를 바꾸는 젊은 힘.' 정치 개혁에 대한 유권자들의 열망(시기성)을 반영하는 동시에 상대 후보에 비해 젊다는 점(상대성)을 강점으로 내세운 것이다.

2008년 재선에 도전할 때는 이명박 대통령이 당선된 이듬해에 치러진 선거로 너무 막막했다. 선거 넉 달 전 여론조사에서 나의 지지율은 13%였다. 최악의 상태에서 치르는 선거였다. 당은 분열되어 있었고 한 달 전 취임한 이명박 대통령에 대한 기대감이 커서 정치적인 주장을 펼치기도 어려웠다. 소위 절정의 허니문 기간이었다.

정권교체로 야당이 되었기 때문에 여당 의원처럼 내 나름의 비전을 이야기할 상황도 아니었다. 그럼에도 고맙게도 유권자들 심리 저변에는 "지금 자르기에는 아깝지 않냐", "지역에서 한 번은 더 살려야 하지 않겠냐" 같은 이야기들이 돌았다. 만약 이때 정치적인 주장을 세게 걸고 나왔으면 떨어졌을 것이다.

선거 전략은 키워드를 찾는 게임이고, 키워드와 전략은 슬로건을 통해 유권자에게 전달된다. 자기한테 맞는 옷을 입어야 하고, 항상 유권자의 수용성, 즉 유권자와의 공감을 고려해야 한다. 시대와 시기를 고려하지 않고 자기 장점만 내세우거나 정치적 주장만 해서는 유권자들이 절대 받아들이지 않는다.

2008년 선거에서는 '기회를 한 번 더 줘볼까'라는 유권자들의 속마음을 읽었고, 바짝 엎드려 '살려 달라'고 호소한 것이다. 그들이 마음으로 받아들일 수 있는 슬로건을 내건 덕분에 나는 재선에 성공할 수 있었다. 그때 내 슬로건은 이것이었다.

'땀으로 남양주를 적신다!'

정치인의 포지션은 계속 변한다. 2004년에 나는 '젊은 힘'을 가진 정치 초보였지만 2012년에는 어느덧 나이도 들고 3선에 도전하게 되었다. 3선 도전에 걸맞은 슬로건이 필요했다. 특히 시기적으로는 8개월 후에 대선이 열리기 때문에 정권교체 기대감이 있었다. 그래서 전망 있는, 실력 있는 정치인 이미지, 키워드를 내세웠다.

2012년 총선 슬로건은 '최재성을 키우면 남양주가 커진다'였다. 보조 슬로건으로 '다음 정부의 중심이 되겠습니다'라고 했다. 그해 대선에서 패배해 비록 다음 정부의 중심은 되지 못했지만, 3선에 성공해 당의 중심에는 설 수 있었다.

2016년 총선은 불출마하고 조응천 후보 당선을 위해 전력을 다했고, 멋진 슬로건을 만들어 당선을 이뤄냈다. 그러다 2018년 송파을 보궐선거에 나서게 되었다. 이때 당내 경선 슬로건 싸움도 드라마틱했다.

'문재인 복심'에서 '실력은 최재성'까지

상대 후보 측이 저지른 결정적인 실책은 '문재인 복심'이라는 슬로건을 쓰지 말라고 나를 걸고넘어지며 오히려 후발 주자인 나를 홍보해준 것이다. 그 이전까지 내가 스스로 나를 '문재인 복심'이라 자처한 적은 없었다. 내가 사무총장에 임명되었을 때 언론이 나에게 딴죽을 걸기 위해 그렇게 표현한 것이었다. 그러나 대선 끝나고 백의종군한 입장에서 나를 내세우기 애매한 상황에서 '문재인 복심' 슬로건은 불가피한 선택이자 고심 끝에 내린 결정이었다.

송파을 상황은 내게 유리할 게 별로 없었다. 문재인 대표와 함께

당 사무총장을 하고 불출마를 선언하며 온라인입당 시스템을 만들고 새로운 인재를 영입하는 등 개혁성과가 있어 당원들에게는 평가가 상당히 좋았다.

하지만 전체 당원에게서 지지를 받더라도 '송파을'이라는 한정된 지역에서의 경쟁은 다른 차원의 문제였다. 전국 100만 당원의 지지를 받아도 송파을 당원 2500명의 지지를 받지 못하면 경선에서 이길 수 없기 때문이다. 상대 후보는 3개월 이상 송파에서 당원들을 접촉했을 텐데, 2~3주밖에 시간이 없는 내게는 절대적으로 불리한 싸움이었다.

경선에 50% 반영되는 일반 국민 여론조사도 별로 유리할 게 없었다. 당시 자유한국당 후보였던 배현진 전 아나운서와의 가상 대결도 나와 상대 후보 모두 이기는 걸로 나왔고, 별 차이도 없었다. 여론조사로 불리한 당원 표심을 뒤집기에는 역부족이라고 판단되었다. 오히려 여론조사할 때 '전 국회의원'과 '전 송파을 지역위원장'로 지지 의사를 물어보면 '송파을'이라는 지역명이 들어가는 상대 후보에게 더 유리할 수도 있었다.

이래저래 불리한 상황에서 나는 '문재인 복심'이라는 말을 쓰고 싶었다. 당시 보궐선거와 동시에 열린 지방선거에서 민주당 후보들이 너도나도 '문재인 마케팅'에 열을 올리던 때였다. 문재인 대통령의 인기가 고공 행진하던 때여서, 어떤 후보는 "문재인 대통령과 핫

라인이 있다"고 선전할 정도였다. 하지만 '복심'이라는 말을 아무 후보나 함부로 쓰기는 어려웠다.

캠프 내부에서는 반대가 심했다. 하지만 내 입장에서는 "전국의 지자체장 후보들 모두가 '복심'이라는 말은 못쓸 것 아니냐"고 설득했다. 여론조사 경선이 비등한 상황에서 당원들의 지지를 받기 위해서는 꼭 필요했다. 그럼에도 캠프 안에서는 반드시 상대 후보 측에서 '복심'이라는 말에 대해 문제제기할 것이라고 반대했다. 하지만 나는 이 슬로건을 상대 후보가 문제 제기하면 성공하는 것이라고 다시 설득했다. 그리고 상대 후보 측은 결국 문재인 복심을 사용해선 안 된다는 기자회견을 하고 말았다.

2004년 첫 출마 때도 이와 비슷한 상황이 있었다. 나는 2002년부터 서울외곽순환고속도로 구리, 남양주 톨게이트 부당요금 폐지 시민위원회 위원장을 했다. 그래서 결국 요금을 낮추는 데 성공했다. '축! 구리 톨게이트 요금 인하' 현수막을 내 이름만 빼고 곳곳에 내걸었다.

당시 당내 경선 상대는 남양주 영화촬영소장을 7년이나 하면서 나보다 지역 기반이 튼튼한 분이었다. 나중에 이야기를 들어보니, 그때 현수막을 보고 "멘탈이 무너졌다"고 한다. 상대 후보가 심리적으로 무너진 것이다.

'문재인 복심'을 슬로건으로 내걸자 상대 후보는 국회 정론관에 찾아가서 "최재성 '문재인 복심'을 자처하는 불공정한 정치를 멈추라"고 기자회견을 했다. 그때부터 관련 뉴스가 더 쏟아지기 시작했고, '문재인 복심'이 언론의 화제가 되었다. "너도나도 문재인 마케팅"이라는 주제의 기사가 나오면 항상 대표적인 예로 '최재성'을 내세우는 바람에 매일 나는 뉴스를 탔다. 상대방이 오히려 나를 '문재인 복심'이라고 홍보해준 셈이었다.

그때 비로소 나는 판단이 섰다. '일반 여론조사는 압도적으로 이긴다. 그리고 당원 투표도 지지는 않겠다.' 상대 후보 측의 결정적인 결정의 오류였다. 상대 후보 캠프는 스스로 무너졌다.

경선 투표함의 뚜껑을 여니, 일반 여론조사에서는 33%포인트 차로 이겼다. 그리고 당원 투표도 8%포인트 차로 이겼다. 만약 '문재인 복심'이라는 슬로건이 없었다면 일반 여론조사 결과는 박빙, 당원 투표에서는 졌을 것이다. 슬로건이 승패를 가른 것이다.

경선에서 '문재인 복심' 슬로건으로 승리하자 주변에서는 본선도 '문재인 복심'으로 밀고 가자는 의견이 나왔다. 그러나 경선과 본선은 판의 성격이 전혀 다르다. 슬로건을 바꿨다. 지인이 '실력이 온다. 실력자'를 제안했다. 그래서 약간 수정했다.

'실력은 최재성!'

슬로건이 입에 착착 붙는 게 마음에 들었다. 당시 바른미래당 박종진 후보는 '어디서 굴러 들어온 사람이…' 같은 슬로건을 썼다. 자기는 최재성보다 송파에서 오래 살았다는 것을 강조한 것이다. 자유한국당 배현진 후보는 전반적으로 분위기가 침체되어 있었다. 배현진 후보는 스스로를 '언론탄압으로 희생된 당사자'로 설정한 것 같은데 전혀 안 먹히는 설정이었다.

본인은 그렇게 생각할 수 있겠지만, "배현진 후보가 MBC에 있던 시절에는 본인이 탄압 세력의 중심 아니었느냐?"는 반론이 얼마든지 나올 수 있었다. 이런 평가에 대해 본인은 속상하고 억울한 피해자라는 생각을 할 수도 있지만, 이런 설정 자체가 본인의 과거 행적만 부각시킬 뿐이었다.

송파구는 전통적으로 후보의 정치적인 무게감이 필요한 지역이다. 배현진 후보는 홍준표 대표에게 영입되어 출마한 거라면, 차라리 '보수를 바꾸겠습니다!'라고 슬로건을 걸었으면 좋았을 것이다. 보수의 상황이 반영되어 훨씬 낫다. 당시 분위기도 문재인 대통령 인기가 높고 자유한국당 등 보수 진영이 거의 궤멸 상태였기 때문에 '정치 신인으로서 보수 개혁 선두에 서겠다'고 했으면 본인 스스로의 정치적 몸무게가 늘어났을 것이다. 시대를 읽지 못하고 자기 과거에 집착해 스스로 자기 안에 갇히고 말았다.

나는 여당 후보인데다 집권 초기이고, 문재인 대통령 지지율도 높았기 때문에 이에 대한 기대 심리를 흡수하는 게 최선의 전략이었다. 그래서 콘텐츠, 파워, 능력을 내세울 필요가 있었다. 이 요소들이 집약된 키워드가 '실력'이었다. 상대 후보와의 '상대성'에 '시대성', '시기성' 3박자를 적극 활용해 무난하게 당선되어 4선 고지에 오를 수 있었다.

정치 싸움에서 일방의 승리는 없다

경제침략 대책 특별위원회

슬로건에 관한 최근의 사례를 하나 더 언급하고자 한다. 일본 아베 정권이 2019년 7월 초 한국 정부에 대해 '화이트 리스트' 배제 발표를 한 뒤 당에서는 7월 8일 '일본 경제보복 대책 특별위원회'를 꾸렸다. 내가 특위 위원장을 맡게 됐다. 여기서 중요한 포인트는 위원회의 명칭이다. 나는 처음부터 '일본 경제침략 대책 특별위원회'로 가야 한다고 주장했다. '경제보복'과 '경제침략'은 상당한 차이가 있다.

'경제보복'이라는 것은 우리 측에서 먼저 부당한 행위를 했다는 전제가 깔린 단어이다. 우리 정부가 수출 기업에 과도한 혜택을 줘서 상대 수입국 산업이 피해를 입었을 때 보복 조치를 가하거나, 수출 기업이 덤핑 등의 불공정 행위를 했을 때 수입국에서 반덤핑 제소를 하는 등의 조치를 취할 때 '보복'이라고 하는 것이다. 그래서 관세를 물릴 때도 '보복 관세'라고 한다.

그런데 이번 경우에는 일본이 수출국이고 우리가 수입국이다. 무역 관계에서 우리가 먼저 일본에 관세를 물려 타격을 가하거나 수입 제한 등의 원인을 제공한 일이 없다. 그렇기 때문에 일본의 행위를 '보복'이라고 우리 스스로 인정해줄 이유가 없다.

일본이 우리나라 첨단 산업을 때리기 위한 행위이기 때문에 '침략'인 것이다. 거기에 정치나 문화가 아니라 경제 분야에서 때린 거니까 '경제침략'이다. 우리나라의 반도체 산업이 경제에서 차지하는 비중을 감안하면 어마어마하게 중대한 상황이다. 이 정도면 의병을 일으킬 만한 사안 아닌가. 그런데도 야당에서는 "감정적으로 대응하면 안 된다"고 시비를 걸어왔다. 일부 보수 언론은 대법원의 일제 강제징용 배상 판결을 문제 삼으면서 우리나라가 문제라는 태도까지 보이는 등 신新친일적인 주장들이 난무했다.

사태 초기에는 당 내부에서도 '경제침략'은 너무 세다고 수위를 낮춰야 한다는 주장이 제기됐다. 그래서 처음에 '일본 경제보복 대책 특별위원회'로 이름을 정한 것이었다. 그러나 상황을 객관적으로 보자 제대로 된 판단이 서기 시작했다.

어떠한 상황이 발생했을 때 제대로 된 대응 전략을 세우고 슬로건을 정할 때는 항상 상대방을 염두에 둬야 한다. 예를 들어, 상대방이 하버드대를 나왔는데, 내가 베이징대를 나왔다고 자랑하면 상대방만 띄워주게 된다. 자기 자신은 베이징대 유학에 대한 자긍심이 높아도, 오히려 상대방을 부각시키는 결과를 낳게 된다는 것을 사전에 가늠해야 한다. 또 다른 경우로, 상대방에게 매우 뛰어난 장점이 있어 그 장점을 깎아 내리기 위해 공격을 하게 되면 내가 비교 열위라는 점만 인정하는 꼴이 될 수도 있다. 전략을 세우거나 슬로건을 정할 때는 이런 점을 항상 고려해야 한다.

아베 총리가 반도체 소재 수출 규제 카드를 꺼내들었을 때 처음에는 모두가 '큰일났다'고 생각했다. 일본에 대한 일종의 '가위 눌림'이 있었기 때문이다. 과거 식민 지배부터 산업화 과정에서의 경제적 차이 등 모든 분야에서 일본이 우리를 압도했던 경험 때문에 객관적인 시야를 가려버린 것이다. 상대방을 객관적으로 바라보지 못하니 대응의 균형을 찾을 수 없었다. 이 난국을 어떻게 돌파해야 할까.

첫째, 냉정함을 잃지 않고 차분하게 상대방의 의도를 먼저 파악해야 한다. 균형적 시각의 기준을 잡아준 것이 문재인 대통령이었다. 막연하게 '반도체 소재 3가지'에 대한 공포에서 벗어나서 반도체 부품·소재 전체의 디테일한 면을 살펴보라고 했다.

세밀하게 관찰을 해보니 아베 정부가 메모리와 비메모리 분야를 분리해서 접근하고 있다는 사실을 발견했다. 아베 정부의 규제 조치를 보니, 비메모리 분야는 강도 높게 타격을 가하고 있으나, 메모리 분야는 그보다 낮게 분리해서 타격하고 있다는 게 보였다. 한국의 메모리 분야 세계시장 점유율은 70%를 넘는다.

한국의 메모리 생산이 타격을 받으면 글로벌 공급망이 파괴되는 것이다. 아베 정부도 이 점을 고려할 수밖에 없었던 것이다. 그래서 아베 정부의 약점을 찾아내 '글로벌 밸류체인 파괴자'라는 프레임으로 대응하면서 국제적인 공감을 얻을 수 있었다. 이렇게 상대방을 잘 파악해 약점을 찾을 수 있어야 한다.

둘째, 상대방을 파악하는 것 못지않게 내 자신의 상황을 파악하는 것도 중요하다. 당장 우리 반도체 산업이 망할 것처럼 겁을 먹고 있었지만, 피해를 최소화하기 위해서는 핵심 소재의 재고 물량 파악이 중요하다고 판단했다. 모든 관심사는 '재고량이 얼마인가'였다. 재고가 어느 정도 확보돼 있는지 알아야 대응 전략을 세울 수 있기 때문이다.

그렇게 사고를 펼쳐 나가니, 소재뿐만 아니라 반도체 완성품의 재고량도 시간을 버는 데 도움이 되리라는 생각에 이르게 되었다. 알아보니 5개월 치 재고량이 있다는 소식을 들을 수 있었다. 이렇게 자신의 객관적 상황을 파악할 수 있었기 때문에 5~6개월 안에 소재의 국산화와 해외 수급처의 다변화를 모색하면 되겠다는 전략적 판단을 할 수 있었다.

셋째, 경제 분야에만 시각이 갇혀서는 안 된다. 더 넓고 깊게 사고해야 한다. 아베 정부가 규제 조치를 취한 것은 다목적 카드이다. 직접적으로는 징용공 등 과거사 문제가 있고, 더 넓게는 일본 헌법 개정을 통해 아시아 패권 국가로 가기 위한 정치용 목적이 있는 것이다. 따라서 우리의 대응이 경제 분야에만 그칠 필요가 없다. 그래서 후쿠시마 방사능 오염 문제부터, 2020년 도쿄 올림픽 문제, 한일군사정보보호협정GSOMIA, 독도 문제 등 비경제적 대응도 강력하게 할 수 있었다.

시각의 편향성에서 벗어났기 때문에 가능했던 일이다. 막연한 심리적 두려움으로 생기는 사고의 편향성을 넘어서 객관적으로 분석하니 우리가 해야 할 일이 뚜렷해지는 것이다. 객관적으로 상황을 파악하고 우리가 대응할 수 있는 방법들을 하나 둘 찾아가니 '냉정하게, 당당하게'와 같은 기조가 나올 수 있었던 것이다. 이와 같이 상황 파악이 되니 '경제보복'이 아니라 '경제침략'으로 이름을 바꾸는 게 당연할 수밖에 없다. 7월 17일에 특위 이름을 '일본 경제침략 대책 특별위원회'로 바꿨다.

상대를 제대로 파악하고 압박할 때 협상의 길이 열린다 ⎯⎯

　지금까지는 초기 대응 전략이었고, 앞으로의 대응이 더 중요하다. 만약 우리가 초기에 과거사 문제에 대해 잘못을 인정하고 일본의 요구사항을 들어줬더라면 일본의 페이스에 끌려들어가고 말았을 것이다. 박근혜 정부 시절을 생각해보자. 위안부 문제 등에 대해서 일본의 요구를 받아들이고, 징용공에 대한 판결도 대법원 거래를 통해 연기해왔다. 그렇게 해서 해결된 것이 있나. 일부 보수주의자들이 주장하듯이 그랬다면 모든 일이 해결돼 평안한 상태를 유지했을까? 나는 그렇게 생각하지 않는다.

　사람은 누구나 개인의 가치관이 형성된 기준이 있는데, 아베 총리의 외가는 대표적인 혐한 정한론자 집안이다. 이 영향을 받고 자란 아베 총리는 패권주의자이기도 하다. 아베 총리의 정치 방식은 소수의 측근들과의 논의를 통해 결정하는 방식이다. 모든 소식이 총리 관저발로 나온다. 이 시대에 맞지 않는 소통과 결정 방식을 갖고 있다. 민주성과 보편성을 확보하지 못한 스타일이다.

　아베 총리의 궁극적인 목적은 헌법 개정을 통한 일본의 재무장이다. 그러기 위해서는 주변국과의 갈등을 일으켜야만 하는 입장에서 한반도의 영구적 평화는 걸림돌이 될 수밖에 없다. 그런데 우리가 과거사 문제에 대해 양보한다고 아베 총리가 순순히 물러섰을까?

전혀 그렇지 않다.

오히려 주도권을 쥐게 된 아베 총리는 우리 산업에 대한 타격을 더 가속화했을 것이다. 그럼에도 불구하고 심리적 공포와 편향성에 빠진 사람들은 "우리는 아직 약하다", "일본은 넘사벽이다", "반도체를 건드리면 우리는 죽는다"와 같은 얼토당토 않는 논리로 포장해 우리 경제와 산업을 걱정하는 사람으로 포장되고, 강력한 대응을 주장하는 나와 같은 사람은 "대안 없이 싸우기만 한다"고 낙인을 찍는다. 정말 무지하고 무책임한 사람들이다. 지식인일수록 더 그렇다.

그들의 태도는 아베 총리가 처한 현실을 객관적으로 보지 못하고 우리 처지만 생각하면서 생기는 판단의 오류, 결정의 오류에서 비롯된다. 나는 특위 결성 후 일본 후쿠시마 지역의 방사능 문제를 적극적으로 제기했다. 특히 2020년 올림픽을 앞두고 아베 정부는 후쿠시마에서 성화 봉송을 하고, 올림픽 선수 식사에 후쿠시마산 농산물을 올리겠다고 하는 중이었다. 후쿠시마 원전의 방사능 오염수 문제도 처리되지 않고 있는데, 아베 정부는 올림픽 안전성을 강조하기 위해 마치 '후쿠시마 올림픽'을 치르겠다는 태도였다.

지금 시대가 어느 때인데 군국주의, 제국주의 시절의 '부흥 올림픽'을 하는가. 나는 이 점이 아베 정부의 아킬레스건이라고 판단했다. 특히 도쿄 올림픽에 참가하는 나라들은 일본의 방사능 문제를 걱정하지 않을 수 없을 것이다. 그래서 특위 활동 중 외신기자 간담회에서 이 이야기를 하기로 결정했다. 선제적으로 도쿄 올림픽의 방사능 문제를 제기하면 내심 이 문제로 고민하고 있을 외국들도 문제를 한 번 더 생각하게 될 것이라고 판단했기 때문이다.

과연 나의 문제제기 이후 반향이 있었다. 특히 미국에서는 올림픽 선수단의 방사능 안전 문제가 화두로 떠오르고 있다. 선수단 식사와 물을 모두 미국 본토에서 공수해야 한다는 이야기까지 나오고 있다.

아베 총리는 결정적 실수를 했다. 한국을 공격하는 것만 생각했고, 공격 초반 한국에서 겁에 질린 모습을 보고 만족했겠지만 자기 등 뒤의 골문이 비어 있다는 것을 생각하지 못했다. 한국을 공격했을 때 한국이 입을 피해보다 한국의 반격에 의해 일본이 받을 피해가 훨씬 더 클 것을 계산하지 못한 것이다.

반도체 소재 규제도 한국의 삼성, SK하이닉스가 해외 공급처를 다변화하고 소재 국산화를 이룬다면 일본 기업에게 큰 피해가 될 수밖에 없다. 실제로 국내 업체들은 소재 국산화에 착수해 성과를 거두고 있다. 아베 총리는 전략 수립의 '상대성'을 제대로 파악하지 못한 것이다. 자신의 장점만 생각하고 상대방의 장점이나 자신의 약점은 생각하지 못하는 실수를 저질렀다.

비록 실수로 시작했지만, 아베 총리는 한일 간의 갈등 국면을 당분간 지속시킬 것이다. 아베 총리 입장에서는 지금 꼬리를 내리면 바로 실각이기 때문이다. 2019년에는 일왕 즉위식이 있고 2020년에는 도쿄 올림픽이 있다. 아베 총리 입장에서는 경제 부흥, 패권 부활 분위기를 끌어 올리려 할 것이고, 한국과 어느 정도 갈등을 유지할 것이다.

그런데도 "당장 특사를 보내 정상회담을 열어라"라고 하는 것은 이번 사안의 본질을 모르고 있거나 문제 해결 과정의 설계에 대한 이해가 전혀 없는 무식한 소리이다. 이와 같은 정치 싸움에서 일방의 승리라는 건 없다는 점을 명심해야 한다. '어렵구나'라는 것을 느낄 때 협상의 첫 입구가 비로소 열리게 된다. 우리가 상대를 제대로 파악해 최대한 압박할 때 협상과 타협의 길도 열리는 것이다.

초기 상황과 지금을 비교해보면 초기 분석과 판단, 대응 기조 설정을 잘했다고 본다. 당시 시간은 결국 일본을 더 힘들게 할 것이라는 대통령의 한마디가 현실이 되고 있다. 수입처를 바꾸고 기술개발에 힘을 쏟으니 소재·장비를 한국에 팔아야 하는 일본 기업들의 걱정과 피해가 늘어가고 지소미아 종료, 방사능 관련 문제 등도 덤으로 얻은 일본이 힘들어지고 있으니 말이다.

전략은 키워드를 찾는 것

시대의 흐름, 시기성, 상대성부터 파악하라

좋은 선거 전략과 멋진 슬로건은 키워드를 어떻게 연구해 어떻게 찾고 어떻게 검증해 결정하느냐의 문제이다. 우선 모든 통계를 살펴봐야 한다. 그 지역 선거의 투표율, 투표 결과와 같은 선거 관련 통계는 물론, 각 지역의 인구, 성별 등 인구학적 통계, 자치단체별 산업, 직업, 주택보급 현황 등 경제사회적 통계까지 모두 반드시 살펴봐야 한다. 이런 것들이 키워드를 뽑기 위한 보조 자료이다.

송파구의 예를 들어 설명해보자. 선거 때 많이 나오는 공약이 '산업단지를 유치하겠다'라는 것이다. 그런데 이 구호는 일자리가 부족한 낙후된 지역에서나 먹히는 것이지 송파구에서 '산업단지를 유치하겠다'고 하면 말도 안 되는 것이다. 그렇다고 '아무것도 안 하겠다'고 할 수는 없는 노릇이다. 뭐라도 해야 한다.

그래서 산업 통계나 시정백서, 구정백서 같은 것을 꼼꼼하게 살펴봐야 한다. 단순한 인구학적 통계뿐만 아니라 해당 지역의 현안들을 파악해야 한다. 송파구의 정체성은 주거지역으로서의 기능이 앞선다. 그런데 강남권에 묶여서 아파트값만 비쌀 뿐, 문화·예술 등 자립·자족 기능은 타 지역에 비해 부족하다. 그렇다면 송파구에서의 선거 캠페인은 주거 경쟁력을 높이는 것으로 가야 한다.

객관적으로 드러난 통계를 분석하는 것 외에 바닥 민심을 파악하기 위한 조사도 잘해야 한다. 사실 요즘 범람하는 단순 지지율 여론조사는 별로 도움이 안 된다. 응답률이 1~2%도 안 되어 통계적 가치가 없는 여론조사가 허다하다. 응답률 1%는 전화 1만 통을 걸면 100명이 응답한다는 것인데, 시기에 따라 특정 정당 지지자들이 응답을 많이 하거나 덜 하는 경우가 많다.

대표성을 갖춘 샘플 추출도 어렵다. 유권자들이 여론조사의 목적과 결과를 잘 알게 되면서 실제 자기 생각과 다르게 응답하는 경우도 있다. 선거에 임박한 순간까지도 지지율 조사는 의미가 없다. 지지율 조사는 불안하니까 그냥 궁금해서 하는 것이다.

선거 전략을 제대로 세우기 위해서는 전략적으로 설계된 조사를 해야 한다. 지역의 특성을 파악하고 유권자들의 요구, 시대정신의 흐름 등을 파악하기 위한 구체적 조사를 해야 전략 수립에 도움이 된다. 단순 지지도 조사는 정확하지도 않을 뿐더러, 결정의 오류를 불러올 수도 있다는 점을 명심해야 한다.

키워드를 제대로 찾기 위해서는 시대의 흐름, 시기성, 후보의 상대성을 파악하는 것이 무엇보다 중요하다. 예를 들어 1997년 대선에서 김대중 후보의 슬로건이 시대성, 시기성, 상대성을 모두 담고 있었다. 당시 슬로건이 '준비된 대통령', '경제 대통령'이었다. 외환위기로 IMF의 구제금융을 받게 된 국가 환란의 상황에서 당연히 '경제 대통령'이 나와야 했다. 그런데 만약 상대 후보가 경제 전문가였다면? 상대 후보가 이회창 후보였기에 가능한 슬로건이었다.

2020년 총선은 회고적 투표와 전망적 투표가 병존하는 선거가 될 것이다. 우리나라 대통령 임기가 절반이 넘어간 시점에서 치러지는 선거는 '정권 심판'의 성격이 강해진다. 2020년 4월은 문재인 대통령 임기 5년 중 절반을 넘어가 3년차 직전 시점이기 때문에 정권 심판, 즉 정부와 여당이 잘 했느냐, 못 했느냐를 평가하는 회고적 투표 성향이 강화될 것이다. 자유한국당의 총선 슬로건은 이미 나온 것이나 다름없다. '경제 실패', '정권 회초리', '정권 견제' 등등. 이런 식으로 나올 것이다. 반면 여당은 '국정 안정'을 내세우게 된다. 원래는 이게 정답인데, 자유한국당이 이렇게만 선거를 치를 상황은 아닌 것 같아 여러 변수를 복합적으로 고민해야 한다.

성공하는 결정, 실패하는 결정

자유한국당의 상황을 보면, 황교안 대표 취임 후 전통적인 지지층 복원을 어느 정도 이뤄낸 것 같으나 과거의 지지층이 그들 스스로 만족할 만큼 완전히 복원된 것 같지는 않다. 여전히 지지기반이 불안한 상황에서 총선을 치를 텐데, 그런 상황에서 '경제 실패', '정권 심판론'은 잘 먹히지 않을 가능성이 크다. 현 정권에 대한 자유한국당의 평가에 동의하는 사람들도 "그럼 다음 세력으로서 너희들은 대안이 될 수 있느냐"고 의심하는 상황이다.

　이런 상황이 이전에도 여러 차례 있었다. 그중 대표적인 것이 2012년과 2016년 총선이다. 이명박 정권 마지막 해에 치러진 2012년 총선에서는 모두가 민주당이 과반을 차지할 것이라고 예측했다. 하지만 민주당은 분열되어 있었고 안정감을 주지 못해 당시 새누리당이 과반을 차지했다. '정권 심판' 정서도 '여당내 야당' 역할을 하던 박근혜 후보가 모두 흡수해버렸다.

　2016년 총선은 2012년 총선과 비슷하면서도 달랐다. 그때도 야권이 분열되면서 전망이 어두웠는데, 여권도 분열했다. 진보 진영인 김대중, 노무현 대통령은 임기 4년차 3월까지의 지지율이 20%대로 상당히 낮았다. 반면 보수 진영의 김영삼, 이명박, 박근혜 대통령은 4년차 3월까지 40%대 지지율을 유지하는 경향을 보였다. 박근혜 대통령도 총선이 치러지는 2016년에 임기 4년차임에도 초반에는 국정지지도가 40% 중반대가 나왔다. 여러 모로 분열된 야권에게는 불리한 선거였다.

　그런데 당시 '진박 논쟁', '옥새 파동' 등으로 새누리당은 '내일이 없는' 정당이 되어버렸고, 박근혜 대통령 지지율도 곤두박질쳤다. 여당이 이길 선거였는데, 스스로 무너져 주저앉아 버린 것이다. 2020년 총선도 정당의 분열 상태 등 안정성이 주요 변수가 될 것이다. 그래서 자유한국당은 유권자들에게 믿음을 주기 위해 정권 비판에만 그치지 않고 그럴 듯한 비전과 대안을 제시해야만 한다. 그렇다면 '전망적 투표'에도 신경을 쓸 수밖에 없다.

2020 총선 키워드 찾기

　2020년 총선은 여야 모두에게 회고적 성향과 전망적 성향이 병존하는 선거가 될 가능성이 크다. 그래서 출마를 준비하는 후보들은 그 어느 때보다 시대흐름, 시기성, 상대성을 잘 파악해 키워드를 찾아야 한다. 여당 입장에서는 '회고'와 '전망'을 동시에 고려해 키워드를 찾아야 한다. 회고적 성향에 대해서는 방어적인 슬로건을, 전망적 성향에 대해서는 공세적 슬로건을 채택해야 한다.

　야당이 '문재인 정권의 경제 실패'를 들고 나온다면, 방어 논리와 함께 '그러한 평가가 우리 지역에 맞느냐'를 따져볼 수 있어야 한다.

또한 상대 후보의 비전과 대안을 따져보고 '과연 누가 미래에 맞는 정치인'인지 유권자들에게 각인시켜야 한다. 상대 후보와의 차별성을 분석해 강점을 뽑아내야 한다. '최선의 방어는 공격'일 수도 있다. 그렇다고 '믿는다. 김민석'과 같은 슬로건은 곤란하다. 나에게 맞는 옷을 찾아야 한다. 내 지역구 송파을은 이미 '나에게 맞는 옷'을 찾았다.

'송파는 최재성!'

나는 보궐 선거로 당선되어 2년 일했지만 열심히 했고 성과도 있다. 이 점을 최대한 살리는 슬로건이다. 4선 의원인데 '최재성 키워주십쇼'와 같은 슬로건은 어울리지 않는다. 현역 국회의원이기 때문에 상대 당 누가 나와도 조금은 앞서 가 있다는 점도 적극 활용해야 한다. 2018년 송파에 처음 왔기 때문에 '송파'라는 지역성을 더 강조할 필요도 있다. 송파를 위해 일하고 송파를 더욱 발전시키겠다는 전망적 투표의 성격을 더 강조하는 것이기도 하다. 보다 치밀한 조사를 통해 여기에 보조 슬로건을 덧붙이면 된다. '송파는 최재성'에 '실력'과 '지역 정체성', '능력' 이런 것들이 함축적으로 담겨 있다.

다만 '적폐청산'이라는 키워드는 조심해서 활용해야 한다. 2017년 5월 대선은 갑자기 치러지는 바람에 선거 준비 기간이 짧았다. 그때 슬로건으로 무엇을 내걸어야 할지 내부에서 큰 논쟁이 있었다. '진짜 정권교체, 적폐청산'이라는 말은 중도 확장력이 떨어진다는 지적이었다. 하지만 당시는 박근혜 대통령 탄핵으로 보수 진영에

폭탄이 던져져 궤멸적인 붕괴가 일어나는 상황이었는데 '중도 확장이 안 된다'는 주장은 관행적 사고와 판단이다. 당시에는 '적폐청산', '진짜 정권교체', '새로운 대한민국' 등과 같은 슬로건은 중도층은 물론 온건 보수층도 충분히 동의할 수 있는 말이었다. 내부에서 이 말을 두고 논쟁을 하고 있을 때 문재인 후보가 외부에서 '적폐청산' 말을 써버리는 바람에 논쟁이 자연스럽게 정리는 되었다.

문재인 후보가 대통령에 당선되고 바로 이듬해인 2018년에 지방선거가 열렸다. 문재인 대통령 당선 하나만으로 완전한 정권 교체가 이뤄진 것은 아니다. 그래서인지 2018년 지방 선거 때 선거 슬로건으로 '정권교체의 완수'라는 표현을 썼는데, 나는 반대했다. 2020년 총선까지 승리해야 정권교체의 일단락이다. 또한 2022년 대선에서 정권을 재창출하기 위한 출발점이기도 하다. 우리가 이야기하는 '적폐'라는 것은 상당히 오랜 기간 동안 쌓인 것이기 때문에 대통령 당선 하나로 완전한 '적폐청산', '정권교체'라고 하는 것은 무리이다. 총선을 통해 입법 권력까지 완전히 교체해야 정권교체가 완성되는 것이다. 그럼에도 2018년에 '정권교체 완수'를 선언해버리면, 2020년 총선에서의 동력을 잃을 수도 있다.

다만 2020년 총선에서 '적폐청산'이라는 키워드를 전면에 내세우는 것은 무리이다. 총선에서는 다시 중도지지 획득 싸움이 벌어질 가능성이 크다. 그런데 대선 때 사고에 젖어서 '적폐청산'을 얘기하면 얼마나 많은 사람들이 동의할 수 있겠나. 지금처럼 속도가 빠른 세상에서, 국민들 입장에서는 대통령에 취임한 지 3년이나 되었는데, 이미 정권을 잡은 사람들이 적폐청산을 전면에 내세우면 여당의 주 전략이 되어야 할 전망적 투표에 방해된다.

군이 다시 '적폐청산'을 이야기할 필요는 없다. 오히려 입법권력 교체, 정치 개혁을 전면에 내세우는 슬로건을 내세워야 한다. '회고'가 이기면 야당이 이기는 거고, '전망'이 이기면 여당이 이기는 거다. 그렇다고 '국정안정'으로 밀고 나가도 안 된다. '국정안정'을 전면에 내세우면 '지금 국정이 불안정하다'고 인정하는 꼴이 된다. 여당에 손해다. 미래에 대한 비전을 보여줘야 한다. 그래서 전망적 투표로 주도권을 잡을 때 승리할 수 있다.

인간은 누구나 새로운 것을 잘 받아들이지 않는 보수적 습관이 조금씩은 있다. 새로운 상황에 따른 새로운 논리를 세우는 것은 사실 쉽지 않다. 그래서 자기가 알고, 자기가 경험했던 울타리 안에서만 사고하고 판단하고 결정하는 오류에 빠지기 쉽다. 사안의 성격과 변화된 조건 안에서 판단하고 결정해야 한다. 특히 권력을 갖고 있고 지위가 높은 사람일수록 그런 경향이 나타난다. '적폐청산'으로 승리했다고 여전히 그럴 것이라는 판단 오류에서 빨리 벗어나야 한다. 새로운 환경에 대한 정확한 현실 인식을 바탕으로 한 결정이 필요하다.

질 것 같으면 잘 지는 결정을,
승산이 있으면 무조건 이기는 결정을

선거도 그렇고 정국도 그렇고 매 순간 새로운 판단을 해야 한다. 그 판단을 위해서는 '이기는 판인지, 지는 판인지'를 먼저 파악해야 한다. 그리고 정말 어쩔 수 없이 질 수밖에 없는 상황이라도 낙담하고 포기해서는 안 된다. 그 순간 모든 것이 엉망이 된다. 지는 상황에 임하게 되더라도 '잘 지는 길'을 택해야 한다. 그래야 다음에 이길 수 있는 토대가 생긴다.

만약 배현진 후보가 언론탄압 피해자라는 슬로건이 아닌 보수를 개혁하겠다는 것이었으면 지금 상황에서는 매우 설득력을 갖게 되었을 것이다. 지는 선거에서도 이후의 자신을 분명히 설정하는 잘 지는 결정이 중요하다.

만약 이길 수 있는 가능성이 있는 판이라면 무조건 이기는 방향으로 판단과 결정을 해야 한다. 방심해서는 안 된다. 이기는 전략을 세워야 한다. 현 정권의 성과 등에 따라 총선 판도가 영향을 받는다. 정권의 중간 이후에 열리는 선거는 '심판' 정서에 영향을 받을 수 있다. 대통령에 대한 지지도가 여전히 높아 지지율이 꽤 높게 나오더라도 방심해서는 안 된다. 지지율이 어떻든 선거에서 막판까지 가장 큰 영향을 주는 것은 여당이던 야당이던 그 정당의 태도와 언어다.

성공하는 결정, 실패하는 결정

2016년 총선에서 박근혜 대통령에 대한 지지율은 비교적 높은 편이었다. 반면 민주 진영은 분열되어 거의 최악의 상황이었다. 하지만 '진박이냐 아니냐', '진박 감별사' 등등 당에서 공천만 받으면 당선되는 것처럼 오만하게 구니까 '쟤들 안 되겠다'는 생각이 퍼지기 시작해 패배한 것이다.

준비가 안 된 선거도 이길 수 없다. 당연한 말 같지만 시시각각 상황이 바뀌고 정국의 반전의 반전이 거듭되는 실전에서는 '준비'라는 게 쉽지만은 않다. 김대중 대통령의 노력으로 도입된 지방자치제도였지만 민주당은 전통적으로 지방선거에서 약세를 보여왔다. 2010년 6월에 실시된 지방선거 당시 정국은 안개 속이었다. 노무현 대통령 서거 1주기 즈음이었지만, 천안함 사건이 일어난 지 얼마 안 되어 '천안함 정국'이 이어지고 있던 때였다.

정부여당 쪽에서는 천안함 사건으로 북풍몰이를 하고 있었다. 천안함 사건 조사 결과도 선거 임박한 시점에서 발표를 했다. 또한 당시 이명박 대통령의 지지율이 50% 안팎이었다. 누가 봐도 불리한 선거였다. 그럼에도 준비를 잘했기 때문에 승리할 수 있었다.

그 당시 민주당은 7개월 전부터 본격적으로 지방선거를 준비했다. 6개월 남았을 때 '혁신과 통합'이라는 제도화 룰을 만들어 띄웠다. 당시 김원기 의장님이 위원장, 내가 간사를 했다. 지역별로 모두 분석을 해서 공천 구상을 미리 해놓았다. 그래서 아주 안정적으로 선거를 치를 수 있었다. 겉으로 드러나지 않아 사람들이 잘 모를 뿐, 인재 영입도 있었고 정책 개발과 그에 맞는 슬로건 준비 등이 치밀하게 준비된 선거였다. 민주당은 처음으로 지방선거에서 승리했다.

2016년 총선도 잘 준비된 선거였다. 당시 분당이라는 악재를 두고 선거를 치러야 했다. 김대중 대통령이 1990년대 초반 '젊은 피' 영입을 했을 때도 사실 임종석, 우상호, 이인영, 오영식, 이종걸, 김성호 등 10명도 안 되는 숫자였다. 하지만 2016년 총선 때는 비교도 할 수 없을 정도로 많은 신진 인사들을 영입했다. 탈당에 이은 분당 사태 속에서도 지지자들에 대한 공감의 통로를 열어 온라인으로 3주 만에 14만 명이 입당했다. 혼란 속에서도 시스템 정당을 위한 당 체제 정비를 준비해왔기 때문에 위기를 극복할 수 있었던 것이다.

당시 선거를 앞두고 대부분의 사람들이 '이번에는 어렵겠다'고 했지만 나는 결코 지지 않을 싸움이 될 걸 알았다. 새로운 평가 방식으로 영입한 새로운 인재들이 충분했고, 14만 명의 온라인 당원이 있기 때문에 자신이 있었다. 이렇게 준비되었기 때문에 '진박 논쟁'이라는 기회가 왔을 때 기회를 잡을 수 있었던 것이다.

정책 전개 방식의 전략을 수립하라

정책 결정의 오류를 방지하는 2단계 과정

정책은 그 자체로 아무리 훌륭하더라도 정책 전개 방식의 전략이 잘못되면 아무 소용이 없을 뿐더러, 때로는 독이 된다. 분명히 잘못된 결정의 과정이 있었을 것이다. 이런 결정 오류를 방지하기 위해서는 두 단계 과정을 거쳐야 한다.

첫째, '레드팀'이 필요하다. 정책이라는 것이 전문가에 의해 오랜 기간 공들여 만들어졌기 때문에 어떤 정책이든 처음에 들어보면 맞는 것 같고 그럴듯해 보인다. 그래서 더욱 적극적으로 반론을 모으고 예상되는 리스크를 계산해야 한다. 이를 위해서 견제를 하는 레드팀을 꾸려 끊임없이 문제제기를 하게 해야 한다. 그래야 정책을 내놨을 때 제기될 비판과 공격에 준비된 자세로 대응할 수 있다. 좀 더 넓게 보면 정책을 수립할 때부터 균형을 생각하고 디자인해야 한다.

2017년 4월 대선 국면에 들어가면서 김광두 교수를 힘들게 영입했다. 그전부터 1년 반 동안 만나오면서 끈질기게 설득한 결과였다. 진보에 김상조, 보수에 김광두를 내세워 정책 균형을 맞추려던 것이었다. '사람 중심 경제'라는 틀은 만들었는데, 모두가 여기에 동의하더라도 각론으로 들어가면 진보와 보수의 시각차가 있을 수도 있다. 대외적으로 어떤 과정을 거쳐 문재인 후보의 경제 정책이 만들어졌는지, 얼마나 균형적인 정책이었는지를 보여주기 위한 디자인을 해두었기 때문에 김광두 교수 영입이라는 결정과 결과가 생긴 것이다.

그 결과 '위기 상황'이라는 공통된 경기 진단 하에 취임 후에는 보수와 진보를 아우르는 통합적인 경제 대책을 내놓겠다는 메시지를 국민들에게 전한 것이다. 김광두 교수의 참여 속에 나온 문재인 후보의 경제 대책에 보수 진영도 반론을 펴기 어려웠을 것이다. 이런 것은 오래전부터 준비되고 디자인되어야 한다.

둘째, 정책 전개 전략을 치밀하게 세워야 한다. 레드팀의 검증에 의해 결정된 정책을 누가, 언제, 어디서, 무엇을, 어떻게, 왜 해야 하는지 육하원칙에 맞게 국민들에게 설명해야 한다. 정책의 내용에 따라 어떤 것은 대통령이 발표하고, 어떤 것은 총리가 발표하고, 어떤 것은 각 부처 장관들이 발표하고, 어떤 것은 여당에서 발표할 것인지 결정해야 한다. 그리고 발표 주체에 따라 전개 방식도 달라져야 한다. 육하원칙 중 '누가'를 먼저 결정하고 그에 따라 나머지 5원칙을 체계적으로 전개해나가야 한다.

'어디서'도 '누가' 못지않게 중요하다. 현장에서 발표할 것인지, 기자실에서 발표할 것인지, 국무회의에서 발표할 것인지, 당 대표가 당 회의 모두 발언으로 발표할 것인지 등. 전혀 다른 방식도 가능하다. 가난 때문에 동반 자살한 가정이 있다면 그에 대한 대책을 장례식장에서 할 수도 있다. 경제 정책은 현장에서 발표하기 어렵다. '5G 개통과 지원' 같은 것은 현장에서 이벤트성으로 발표할 수 있지만, 통계와 자료 등 복잡한 내용이 많은 경제 정책은 기자실에서 발표해야 한다. 그래야 사전에 질의응답을 받을 수 있고, 충분히 설명할 수 있다. 그런데 현장에서 이벤트성으로 발표하면 먼저 공격을 당하고 사후에 해명을 하는 수세적인 입장으로 바뀌고 만다.

'언제'와 관련해서는 아쉬운 대목도 있었다. 증권거래세를 낮춘다는 정책 발표를 했는데, 증권 양도세를 높일 계획이 있기 때문에 두 정책을 동시에 발표했어야 했다. "증권 거래세를 낮추되, 증권 양도세는 너무 낮으니 높이겠다"는 식으로 가야 시장에서 이해한다. 그런데 이걸 따로따로 발표하면 사람들은 "양도세 올렸다"는 사실만 기억한다.

'인터넷 은행법' 규제 완화 정책 발표도 '누가'가 잘못된 아쉬운 케이스다. 대통령이 현장에서 직접 발표했는데, 굳이 그럴 필요가 있었나 싶다. 현장성, 이벤트성이 중요한 정책이 아니다. 사실 이 이슈에는 '은산 분리'라는 민감한 내용이 포함되어 있어서 우리가 야당일 때 반대했던 사안이다. 그럼에도 불구하고 규제 완화가 필요하다고 판단했으면 순서상 당에 먼저 이야기했어야 했다. 당에서 먼저 충분히 검토할 수 있게 하고, 입장을 바꾸더라도 당이 바꾸게 했어야 했다. 그러면 당에서 입장을 바꾸게 된 논리를 준비할 수 있고, 법 개정 사안일 경우 그래야 국회 안에서 동력이 생긴다. 그 후에야 당의 제안을 청와대가 받는 그림을 만들어야 한다.

그런데 청와대에서 먼저 당의 입장과 배치되는 정책을 발표했다. 그럼 당은 그저 청와대를 따라갈 수밖에 없는 난처한 처지가 된다. "너희 당에서는 원래 반대했던 거잖아?"라는 공격이 들어오면 궁색한 변명밖에 할 수 없는 것이다. 모든 것을 대통령이 하게 해서는 안 된다. '언제'라는 측면에서도 아쉬웠다. 인터넷 은행법 규제 완화는 야당도 반대하는 사안이 아니기 때문에 금융과 관련된 현안이 있을 때 내놨어도 된다. 그러면 여당 입장에서는 야당과 법안 논의할 때 카드가 하나 더 생기는 것이다. 정무적 설계가 아쉬운 대목이다.

개각에도 분명한 콘셉트와 메시지가 담겨 있어야 한다. 김영삼 정부 때 판사 이회창이 감사원장이 되면서 정부 내 각종 비리와 부정, 특혜 등을 들춰내며 '대쪽' 이미지를 날렸다. 정권을 곤혹스럽게 했을 텐데도 김영삼 대통령은 이회창 감사원장을 총리로 발탁했다. 이회창 총리는 이후 당 대표가 되고 대선 후보까지 되었다. 굉장히 짧은 과정이었다. 하지만 사실이 어떻든 간에 김영삼 대통령은 이회창 총리를 통해 "부정부패를 용납하지 않겠다"는 국정 콘셉트와 메시지를 국민들에게 확실하게 전했고, 그 결과 이회창 총리가 대번에 대권 주자로 등극하게 된 것이었다.

마이너스가 아닌 플러스 해법을 찾아라

문제 해결의 출발은 당사자 이해에서부터

문재인 정부 출범 후 20대 남성의 지지율이 지속적으로 하락해서 그 원인을 두고 각종 분석이 쏟아졌다. 나는 한마디로 이 또한 문재인 정부와 민주당내의 영향력 있는 일부 인사들이 균형적이지 않은 좁은 시각으로 젠더 문제를 봐왔기 때문이라고 생각한다. 그래서 오류가 생긴 것이다.

바른미래당의 이준석, 하태경 의원이 젠더 문제에 대한 발언을 종종 한다. 이들은 전후 사정 따지지 않고 20대 남성 입장에서 발언을 해서 반응을 얻고 있다. 20대 남성들은 '그래도 이 두 사람이 자기들 편을 들어주기는 하는구나'라고 생각한다. 그렇다고 이들이 젠더 문제에 대해 탁월한 식견을 갖고 있지 않다. 바른미래당이 이 사안에 대해 특별한 당론을 갖고 있는 것도 아니다.

그런데 더불어민주당은 집권여당 아닌가. 그럼에도 '20대 남성'에 관해 발언을 하는 사람이 없다. 심지어 장관들은 20대 남성들이 싫어할 소리만 한다. 일련의 '페미니즘' 논쟁에서 일부 당 인사들과 몇몇 장관들이 페미니즘 진영을 편드는 듯한 발언을 하니 20대 남성들이 분개하는 것이다. 반면 20대 남성 입장에서 발언을 할만한 사람들도 '페미니즘 진영'의 공격을 받을까봐 몸을 사리며 아예 입을 닫고 있다. 이런 것들이 계속 누적되어서 20대 남성 지지율이 하락하고 있는 것이다. 20대 남성들의 호소를 들어주는 사람조차 없다.

물론 우리 사회에서 여성은 아직 사회적 약자이고, '유리천장' 등 여성에 대한 불평등을 해소해야 할 과제들이 많다. 문제는 당과 정부에서 의사결정을 이끄는 사람들이 50대 이상의 시각으로만 젠더 갈등의 문제를 본다는 것이다.

시민사회 운동을 주도했던 50~60대 정치인들은 여성에 대한 부채의식이 있다. 그래서 여성 친화적인 정책이 나올 때 그 누구도 반론을 펴지 않는다. 일종의 '레드팀' 부재 상태이다. 여성 친화 정책 자체가 옳다 하더라도 예상되는 반론과 비판을 누군가는 챙겨야 정책의 완성도가 높아진다. 하지만 아무런 반론이 없다. 그러니 설익은 상태의 이야기들이 당론이 되고 정책으로 확정되는 것이다.

그런데 지금의 20대들은 살아온 환경이 다르기 때문에 다르게 생각한다. 남성들은 징병제에 대한 불만이 크고, 거기에 군 가산점 제도와 같은 징병 인센티브 제도도 사라졌다. 20대 남성들은 '이미 어느 정도 성평등이 이뤄졌다'고 느낀다. 그래서 사회에 진출할 때 남성과 여성의 차별이 없다고 생각한다. 오히려 '군에 복무하는 손해를 보고 있다'는 '역불평등'을 느끼고 있다.

나도 20대 남성들의 분노에 어느 정도 일리가 있다고 본다. 물론 상대편의 입장이 되어보지 않은 데에서 생기는 오해와 편견이 있겠지만, 어쨌거나 정치적으로 중요한 사실은 '20대 남성들이 그렇게 느끼고 있다는 점' 그 자체이다.

그렇다고 여성들의 불만이 없는 것도 아니다. 20대 여성들을 상대로 여론조사를 해보면 여성의 사회경제적 지위가 개선되어야 한다는 응답 비율이 70%를 넘는다. 20대 남성이건 여성이건 모두가 불만인 상태인 것이다. 최저임금 인상 논란이 어설픈 정책 전개 방식으로 인해 결국 재계 및 소상공인, 노동계 모두의 불만을 사고 말았듯이 젠더 정책도 무엇을 내놓든 양쪽의 불만을 동시에 듣는 것이 정치적으로는 어려운 상황이다.

그래서 젠더 갈등은 해법을 내기 아주 어렵다. 그렇다면 해법을 찾기 위해 더 치열하게 고민하고 노력을 해야 하는데, 여성 문제에 대해서는 '잘 모른다'는 이유로, '말해봐야 골치 아프다'는 이유로 외면하기 일쑤다. 무엇보다 50~60대 정치인들은 이들의 처지를 이해하려는 노력은 하지 않고 자신의 관점으로만 이 문제를 해석하려 한다. 문제 해결의 출발은 당사자들을 이해하는 데부터 시작된다. 지금부터 몇 가지 해법을 제시하고자 한다.

모병제는 젠더 갈등이 아닌 젠더 화합 정책

지난 2016년 총선에서 20대 투표율이 이례적으로 높았다. 출구조사 결과를 보면 2008년 총선에서 20대 투표율은 20%대 중반이었고, 2012년 총선에서는 30%대 중반이었다. 그러다가 2016년 총선에서는 50%가 넘었다. 물론 20대에서 민주당 지지율이 압도적으로 높았다. 6,000표 내외 접전 지역구가 253개 중 91군데에 달했다. 20대의 높은 투표율이 없었다면 총선 승리를 보장하기 어려웠다는 얘기다.

민주당에 대한 20대 남성의 지지율이 하락하고 있다고 해서 2020년 총선에서 이들이 쉽사리 자유한국당을 지지하며 표를 던질 것으로 보지는 않는다. 하지만 이들이 정치권에 실망해 투표장에 가지 않는 것만으로도 우리는 몇 천 표씩 손해를 보게 되어 있다. 자칫 우리가 궤멸적 상황을 맞이할 수도 있다. 그래서 특별히 경각심을 가져야 한다. 이를 위해서는 발상의 전환부터 해야 한다.

젠더 갈등과 청년 정책은 따로 떼어서 생각해서는 안 된다. 함께 가야 한다. 지금 나타나는 젠더 갈등은 50대, 60대 이상 노장년층에서 나타나는 것이 아니라 20~30대 청년층에서 나타나는 현상이기 때문이다. 청년층이 느끼는 사회경제적 불만이 젠더 갈등으로 표출되는 것으로 볼 수 있다. 그런데 본질을 외면하고 단순히 '성 대결'로만 인식해서는 어느 한쪽의 편을 들게 되고, 결국은 어느 한쪽을 등지게 되는 결과를 초래하게 된다. 결론부터 말하면, 갈등을 심화시키는 마이너스의 정책이 아니라, 플러스의 해법을 찾아 실천해야 한다.

첫 번째 플러스 해법은 모병제 도입이다. 앞서 언급했듯이 지금 20대 남성층은 병역에 대해 큰 불만을 갖고 있다. 물론 징병제가 실시된 이후 군 복무에 대한 남성들의 불만이 없었던 적은 없다. 그런데 과거와 지금은 상황이 많이 달라졌다. 과거에는 군대에 갔다 오면 군 가산점도 주고, 일반 기업체에 취직하면 호봉도 쳐주는 등 크고 작은 여러 가지 혜택이 있었다. 눈에 보이지 않는 인센티브와 차별도 있었다. 군대 방식의 조직 문화가 일반적이었기 때문에 군대 경험을 해야 사회생활을 할 수 있는 것처럼 여겨지기도 했다. 남성은 군 미필일 경우 결격 사유가 있는 사람 취급을 받기도 했다.

그런데 지금은 과거에 비해 상대적으로 여성의 지위가 높아져서 특별히 우대해주지 않아도 여성의 사회 진출에 큰 문제가 없다고 생각하기 때문에 '남성만, 그것도 20대라는 한창 젊고 좋은 시절에 병역의 의무를 이행하는 것은 손해'라는 불만 역시 상대적으로 높아지고 있는 것이다. 게다가 과거에 비해 공무원 직종에 대한 인기가 높아지고 공무원 시험 경쟁이 치열해지면서 군 가산점 등의 보상 정책이 사라진 데 대한 불만이 더욱 커졌다.

이런 불만은 단순히 젠더 갈등으로 이어지지 않고 정부 정책 불신이라는 나비 효과를 불러일으킨다. 자신은 군 복무를 해도 사회경제적으로 이득을 보지 못하는데, "정부는 대북정책에만 신경을 쓰고 북한에 퍼주기를 한다?"와 같은 가짜뉴스성 기사도 쉽게 이들의 마음을 파고드는 것이다. 그럼 순식간에 "북한에는 이렇게 잘해주는데 우리한테는 왜 이렇게 푸대접이지?" 하는 엉뚱한 여론이 퍼져버린다.

한번 불만을 갖게 되면 모든 불만이 '정부 탓'으로 몰려 맞지 않아도 될 매를 맞게 되는 것이다. 그래서 "청년 문제의 가장 큰 장벽은 징병제이고, 따라서 징병제를 손보지 않으면 이 갈등은 근본적으로 해결할 수 없다"는 엄중한 인식을 갖고 이 문제에 접근해야 한다.

모병제는 20대 남성의 환심을 잡기 위해 뜬금없이 내민 포퓰리즘 정책이 절대 아니다. 시대적 흐름에 부합하는 정책이다. 인구 통계를 놓고 보면 출산율 저하로 앞으로 인구가 감소하는 시대가 도래할 수밖에 없다. 따라서 군 병력 규모를 줄일 수밖에 없다. 그러나 자신의 기득권을 유지하려는 군 장성들의 반대가 심하다. 모병제가 실시되어 병력이 줄어들면 군 장성의 자리도 줄어들 가능성이 있기 때문이다.

또한 모병제가 실시되어 군의 전문성이 조금 더 강화되면 군 장성의 역할과 책임도 지금과는 다르게 될 것이다. 그래서 혁신을 거부하는 성향을 나타낸다. 그래서인지 '인구 감소' 추세를 이야기하면 군 기득권 쪽에서는 부족한 인원을 해경, 의경 등 경찰 군복무 제도를 없애서 보완하고 신체검사 합격률을 높여 현역 입영률을 80%에서 90%로 올리면 된다고 한다.

하지만 현대 사회에서는 전쟁을 머릿수로 하지 않는다. 숙련도가 높은 정예 강군으로 가야 한다. 따라서 일반 병력을 감축하고 숙련도 높은 소수 병력으로 운용하게 되는 모병제로 가자는 것이다. 모병제 이슈에 대한 정책 이슈 '레드팀'이 이미 설치되어 검토를 해왔다. 레드팀에서는 "모병제를 제기하는 것은 너무 위험하다"라고 경고해왔다. 70대 이상 노년층의 반대가 심할 것이고, 북한 문제가 있는 상태에서 모병제는 안보 이슈로 연결되어 안 그래도 우리를 색안경 끼고 보는데 색깔론이 더욱 심해져 선거에서 불리할 것이라는 논리였다.

하지만 나는 "70대 이상은 이미 촛불시위 이전의 상황으로 회귀, 즉 박근혜 대통령에 대한 실망감이 어느 정도 해소되고 다시 콘크리트 보수층으로 돌아갔고, 오히려 20대가 흔들리니 이들을 잡아야 한다"고 역설했다. 이런 논리로 레드팀과 논박을 벌였다. 레드팀은 다시 "모병제는 젠더 갈등형 해결책 아니냐"고 다시 반박해왔다. 여성들에과는 아무런 상관이 없는 정책이라는 논리였다. 나는 "아니다. 젠더 화합형 정책이다"라고 재반박했다.

김영삼 정부 때 "우리 군의 적정 규모는 20만 명"이라는 연구 결과가 발표되었다. 사병과 간부를 포함한 숫자다. 이후 한나라당, 새누리당 때도 우리 군의 적정 규모는 30~35만 명이라는 공감대가 형성되어 있었다. '50만 명'을 주장하는 진영은 현역 군 장성, 즉 기득권 세력밖에 없다. 특히 모병제 실시는 여성에게 또 다른 블루오션이 될 수 있다. 직업 선택의 폭이 넓어지기 때문이다.

지금도 사관학교 등 간부 직종은 여성에게 개방되어 있지만 사병은 징병된 남성으로 전부 채워져 있다. 사병 직종도 여성에게 개방하면 지금까지는 여성에게 열려 있지 않던 적지 않은 일자리가 추가로 생기는 것이다.

이 대목에서 '여성의 신체적 능력' 논란이 제기될 수 있다. 최근 여경의 주취자 제압 논란이 있었다. 술 취한 사람조차 제대로 제압하지 못하는 여성이 경찰을 제대로 할 수 있느냐는 것이다. 이런 문제제기의 배경에는 경찰 채용 과정에서 치러지는 체력 시험의 제도적 문제점이 있다.

현재 경찰 채용 시험에서 남성과 여성의 채점 기준이 다르다. 여성은 100미터 달리기 과목에서 15.5초를 기록하면 10점 만점을 받지만 남자가 이 기록이면 5점밖에 안 된다. 팔굽혀펴기도 여성은 무릎을 대고 하는 방식이다. 그러니까 "여성은 남성보다 체력이 떨어진다"는 말이 나오는 것이다. 여성들도 "차라리 남성과 똑같은 기준으로 체력 시험으로 보게 해달라"고도 한다.

동일한 직종에서 동일한 업무를 동등한 자격으로 수행하기 위해서는 평가 기준이 달라서는 안 된다. 따라서 체력 시험도 남녀 기준을 동등하게 해야 한다. 다만 '최소 체력'의 기준을 정하고 남성이든 여성이든 최소 체력을 넘는 능력을 나타낼 때는 가점을 주는 인센티브 방식을 채택하는 것이 공정한 경쟁을 유발시키는 방법이다.

또한 경찰이나 군이 단순히 '신체 능력의 우수성'으로만 수행되는 직무가 아니다. 현대전은 총검을 들고 참호에서 백병전을 벌이는 전투가 주가 아니다. 정보, 자산관리, 도청, 행정, 전산, 정밀 타격 등 신체적 능력과 상관없이 여성의 복무가 가능한 분야가 얼마든지 있다. 이스라엘은 자폐 성향을 가진 발달장애인이더라도 이들의 관찰력이 뛰어난 재능을 활용해 정보 분석 분야의 임무를 맡기기도 한다.

모병제를 실시하는 미군의 경우 여성의 비율이 사병은 14%, 장

교는 15%에 이른다. 모병제는 여성에게도 환영을 받을 수 있는 정책이다. 따라서 모병제는 결코 '젠더 갈등형' 정책이 아니다.

사장님은 차로 출근, 청년들은 걸어서⋯
직주근접 청년 주거 정책 ————

청년층의 사회경제적 모순을 해결하기 위해 중요한 또 다른 핵심 정책 중 하나로 제안하는 것은 '청년 주거 국가책임제'이다.

우선적으로 밝혀야 할 전제가 있다. 청년 주거를 국가가 책임지되 보편적 복지가 아닌 선별적 복지로 해야 한다. 부모님이 집을 2채 이상 갖고 있거나, 연 소득 5,000만 원이 넘어 스스로 주거를 마련할 수 있는 청년은 일단 제외한다. 또한 직업이 없어 소득이 전혀 없거나 극빈층인 청년은 다른 사회복지 제도의 적용을 받기 때문에 청년 주거 책임제에서도 제외한다. 그러면 청년 주거 국가책임제의 혜택을 받는 청년은 150~200만 명 정도가 될 것으로 예상된다. 이들을 대상으로 정책을 설계하는 것이다.

덧붙이자면 이와 같은 청년 대상 정책은 예산 규모의 안정성을 동시에 꾀할 수 있다. 우리나라가 고령화 사회이기 때문에 해마다 노령층 인구가 늘어 노인 대상 정책은 매년 예산을 증액해야 한다.

반면 19~34세 등 특정 나이대를 대상으로 설계한 청년 정책은 수혜 대상의 나이가 차면 혜택에서 자동으로 졸업하기 때문에 매년 예산을 늘릴 필요가 없다. 게다가 저출산으로 인해 인구가 감소하기 때문에 예산 전체 규모를 늘리지 않으면서도 수혜자를 조금씩 넓힐 수 있는 장점이 있다.

그럼 본론으로 들어가 보자. 청년들을 대상으로 주택을 공급하되 기존의 주택 공급 정책을 답습해서는 안 된다. 청년들을 대상으로 한 '미니 신도시'를 만들어야 한다. 1~2만 세대를 공급하되 주택만 공급해서는 안 된다. 특히, 신혼부부를 고려하되 최근 1인 가구 증가 등의 트렌드가 반영된 청년 맞춤 주거 형태를 제공해야 한다. 이를테면 '코리빙 Co-living, 셰어하우스 Share House' 같은 형태의 주택이 지금의 청년 세대에 맞는 주거 형태이다.

정책 전개 과정에서 수혜자들의 입장을 우선적으로 고려해야 한다. 단순하게 '주택 제공' 차원에 그쳐서는 안 된다. 가장 중요한 핵심은 직장이 밀집한 오피스 지역에 청년 미니 신도시를 만드는 것이다. 예를 들어 판교 같은 경우 청년층이 많이 일하는 곳이지만, 주거비용이 비싸 직장 근처에는 사장님과 간부들이 살고, 청년 직장인들은 구리, 남양주, 용인 같은 외곽지역에 거주하며 장거리를 버스나 지하철로 1시간 넘게 이동하는 불편과 노고를 감내해야만 한다.

그래서 "사장님은 걸어서 출퇴근, 직장인은 멀리서 개고생"이라는 말이 나온다. 이걸 뒤집어 "사장님은 차 타고 출퇴근, 우리는 걸어서 출퇴근"이라는 말로 역전시켜야 한다. 도시 외곽에 신도시를 지어 지역별 계층 분화를 시키지 않고 청년들도 '직주근접職住近接'의 혜택을 누릴 수 있게 주택 공급 정책의 패러다임을 바꿔야 한다.

다 좋은데 예산이 문제라고? '청년세'를 신설하면 된다. 세금을 어떻게 더 걷냐고? 이런 반대 의견이 당연히 나올 것이다. 박근혜 정부 때 담배세를 대폭 인상했다. 그전까지 전부 지방세였던 담배세를 인상하면서 인상분을 국세로 돌려 1조 5천억 원을 걷어갔다. 이걸 청년세로 돌리면 된다. 국가에서 이 정도만 지원해줘도 청년들은 1~2억 원의 주거비용을 아낄 수 있고, 더 나은 삶의 질을 누릴 수 있다. 이는 자연히 계층 상승의 사다리로 연결될 수도 있다.

'구슬이 서 말이어도 꿰어야 보배'라 했다. 이런 정책이 지금까지 이뤄지지 않는 이유는 전담 부처가 없기 때문이다. 주택 정책을 관할하는 부처는 국토부인데, 국토부 혼자서는 추진할 수 없는 정책이다. 전담 부처를 만들어야 한다. 전담 부처를 만들려면 예산을 확보해야 한다. 담배세에서 떼어내 청년세로 1조~1조 5천억 원의 재원을 마련하면 예산을 편성할 수 있다.

3

이기고도 진 결정,
지고도 이기는 결정

양보 안 해서 진 싸움,
양보해서 이긴 싸움

2012년 대선 후보 단일화 협상의 오판

2012년 대선을 앞두고 문재인-안철수 후보 단일화 문제가 뜨거운 이슈였다. 나는 여러 견제로 인해 대선 캠프에 들어가지 않았는데, 당시 문재인 후보가 나에게 후보 단일화 협상에 나서 달라고 요청했다. 대선을 앞두고 나의 선거 기획 능력을 후하게 평가했던 모양이다. 그래서 일단 수락했는데, 상황이 내가 들었던 것과 달랐다. 이미 몇몇 의원들 중심으로 협상팀이 꾸려져 이미 협상 전략을 짜고 있었다.

첫 회의 때 서류를 산더미처럼 쌓아놓고 있었다. 그때 이슈는 단일화 방식을 정하는 것이었다. 문재인 후보 측에서는 국민참여경선

성공하는 결정, 실패하는 결정

을, 안철수 후보 측에서는 국민경선을 원하고 있었다. 국민참여경선은 일반 국민들을 상대로 선거인단을 구성해 결정하는 것이고, 안철수 후보 측이 주장하는 국민경선은 100% 여론조사로 하자는 것이었다. 이를 바탕으로 각 방법별 시뮬레이션 조사를 해서 엄청난 자료를 갖고 셈을 한 것이다.

나는 그 자리에서 "그냥 안철수 후보 측 안을 그대로 받았으면 좋겠다. 그게 확실한 단일화 방안"이라고 말했다. 이유는 다음과 같았다.

첫째, 대선 본선에서 박근혜 후보를 이길 수 있는 방법은 단일화뿐이다. 단일화하지 않으면 무조건 진다. 둘째, 우리 후보가 단일화 협상에서 이겨야 한다. 그런데 어떻게 이길 것인가. 우리는 거대 정당이기 때문에 구체적인 협상 항목을 유리하게 가져오는 것은 글렀다. 양보를 하나라도 더 하면 더 했지, '거대 정당'이라는 강자와 '인기는 높지만 한 개인'이라는 약자의 구도가 형성되어 있는 상태에서 국민 정서가 우리한테 유리해 보이지 않았다.

나는 문재인 후보가 단일화 승부에서 이기기 위해서는 단일화 국면을 유리하게 리드해나갈 토대를 만드는 것이 중요하다고 생각했다. 2002년 대선 당시 노무현 후보도 정몽준 후보와 단일화 협상을 할 때 상대 조건을 다 수용했기 때문에 상황을 리드할 수 있었다.

2007년 대선 단일화 협상 당시 우리는 거대 정당이고, 안철수 후보는 개인이었다. 안철수 후보 인기가 매우 좋을 때였지만, 그래도 개인이기 때문에 상대적으로 약자로 인식될 수 있는 상황이었다. 그런데 거대 정당이 단일화 협상 과정에서 유리하게 만들어놓으면 판 자체가 깨질 가능성이 높았다. 그래서 양보해야 한다는 것이었다.

물론 지기 위해 양보하는 것은 아니다. 단일화 협상 국면에 들어가기 전 안철수 후보의 인기가 문재인 후보의 두 배 이상이었다. 그러다 두 후보가 단일화 선언을 하자 문재인 후보의 인기가 수직상승했다. 막상 단일화를 하겠다고 하니 국민들은 단순 호감도가 아니라 '누가 대통령에 어울리나'를 상상하기 시작한 것이다. 그전까지는 여론조사는 단순 인기에 좌우되었다면, 대선 후보 선출을 위한 단일화 여론 조사에서는 보다 복합적인 판단이 더해진 지지도가 중요한 척도로 바뀌는 것이다.

그래서 대승적 차원에서 단일화 방식을 양보하면, 국민들은 대통령이 된 후 누가 더 잘할 것인지를 고민하며 '대통령감'을 진지하게 검토하게 될 것이고, 개인 안철수보다는 큰 정당이 뒷받침되어 있고 국정 경험이 있는 문재인 후보에 대한 지지도가 높아질 가능성이 높다고 봤다. 그래야 국면을 리드할 수 있다.

반면 안철수 안을 수용하지 않고 조금이라도 우리에게 유리하게 단일화 룰을 짜면 안철수 후보가 판을 깨고 나갈 수도 있고, 상대방에게 거대 정당의 힘에 눌린 약자 이미지가 씌워져 우리에게 불리해질 수도 있었다. 반대로 양보해서 우리가 이기면 안철수 후보의 지지율이 다 우리에게 흡수되는 것뿐만 아니라, 표심을 정하지 못한 부동층까지 끌어들여 대선 본선에서 기세를 몰아 훨씬 유리한 고지를 점령할 수 있게 된다.

이런 논리를 설파했지만 단일화 협상팀은 내 주장을 받아들이지 않았다. "우리 후보에게 조금이라도 유리한 안을 얻어내는 것이 협상이지, 어떻게 상대 후보가 원하는 안으로 가는 것이 협상이냐"라는 것이었다. 그 말을 듣고 그 뒤로는 단일화 협상팀에 나가지 않았다. 내 생각에는 오판 중의 오판이었다.

결국 옥신각신 밀고 당기기를 하더니 단일화 협상 자체가 깨져버렸다. 안철수 후보는 단일화 협상 자체를 거부하고 불출마 선언을 했다. 대선 당일에는 미국으로 떠나버렸다. 그리고 문재인 후보는 대선에서 패배했다.

단일화 협상을 했지만 단일화가 된 것도 아니다. 안철수 후보의 양보(포기)는 받아냈지만 시너지 효과는 없었다. 오히려 지난한 협상 과정에 실망해 떠난 안철수 후보 지지자와 부동층도 상당했을 것이다. 그래서 진 것이다. 오판 중의 오판, 패착 중의 패착이었다. 양보 안 해서 졌다. 양보했으면 이겼다.

2015년 당권 흔들기 사태의 정면 돌파

2012년 대선은 양보 안 해서 졌지만, 양보해서 이긴 사례도 있다. 2015년 2월 문재인 대표가 취임한 이후 강도 높은 당 구조개혁이 이어지자 일부 인사들 중심으로 당내 불만도 높아졌다. 9월 초 김상곤 혁신위원회의 국회의원 공천 경선제도 개혁안이 발표되자 갈등이 정점에 이르렀다. 앞서 설명한 대로 국회의원 경선에 참여할 선거인단을 100% 일반 시민들로 구성하여 '국민공천단'을 만들겠다는 내용이 중심인 안이었다.

그걸 두고 당내에서 문재인 대표를 하도 흔들어 대니까 문재인 대표가 '재신임' 카드를 던졌다. 김상곤 혁신위원회의 혁신안이 당 중앙위원회의 벽을 넘지 못하면 대표 자리에서 물러나고, 혁신안이 통과되더라도 재신임을 묻겠다는 것이었다.

사실 나는 개인적으로 재신임 카드에 반대하는 입장이었다. 문재인 대표는 그해 2월에 열린 전당대회에서도 박지원 의원을 근소한 차이로 간신히 이겼다. 그것도 당원 투표에서는 졌다. 당원 투표에서 진 이유가 당원이 가장 많은 호남의 지지가 낮았기 때문인데, 대표 취임 이후 호남 지지율은 더 떨어진 상태였다. 그런데 재신임을 묻겠다? 만약 당원 투표를 하면 재신임을 못 받을 확률이 높았다. 말이 안 되는 카드였다.

그런데 비주류 측에서는 그것마저 '독재적'이라고 비난하며 못하게 했다. 문재인 대표는 본인의 결심을 내게 단호하게 전달했다. 당직자들과 저녁을 먹던 나는 그날 저녁 8시에 기자들에게 "국회 정론관에서 사무총장 브리핑을 하겠다"라고 단체 메시지를 돌렸다. "무슨 일이냐?"라는 문의가 쇄도했지만 전화를 일절 받지 않았다.

국회 정론관에 들어가 발표를 하기 직전 문재인 대표에게 전화를 걸었다. "지금 기자회견을 열어 발표하겠다"라고 보고했다. 문재인 대표는 특별한 말씀이 없었다. 브리핑할 내용에 대해 15초간 통화한 게 다였다. 그만큼 문재인 대표의 의지는 확고했다. 전화를 끊고 정론관 단상 앞에 섰다. 그리고 "추석 연휴에 재신임 대표 절차에 들어가겠다"라고 밝혔다.

선택의 순간, 결정의 순간이었다. '친문'으로 분류되는 정치인들은 재신임 받지 못하면 어쩌나, '비문'으로 분류되는 정치인들은 재신임 받으면 어쩌나 모두 불안하기는 마찬가지였다. 그래도 어떻게든 상황을 정리하기 위한 승부수였다. 이럴 때는 원칙대로 하는 게 맞다. 운명에 맡겨야 한다. 무슨 셈법이 필요한가. 당 대표이고 유력한 대선 주자인 상황에서 얄팍한 정치적 셈법으로 피해갈 수 있는 상황이 아니었다. '원칙대로' 갈 수밖에 없었다.

다만, 재신임 카드가 그냥 '도박'에 가까운 결정만은 아니었다. 불신임 당한다고 해서 그대로 끝나지는 않았을 것이다. 문재인 대표는 불신임 당해도 살아남는다고 생각했다. 문재인 대표는 당 대표에 취임한 이후 문명 시대에 맞는 당 혁신 작업을 추진해왔다. 그런데 반대 측에서는 명분도 없이 확인되지 않은 사실을 근거로 문 대표를 흔들기만 했다.

아무런 근거 없이 "친문 패권주의다. 앞으로 친문 패권 공천하겠다는 거 아니냐!"라고 공격해왔다. 당을 망친 것도 아니고, 전국 단위 선거에서 진 것도 아니고, 당의 존립이 흔들릴 만한 안 좋은 사건이 있었던 것도 아니었다. 단지 문명의 변화에 맞게 당의 선진화를 위한 혁신을 한 것인데, 아무 이유 없이 그냥 물러나라고 외치기만 한 것이다.

나는 설혹 문재인 대표가 재신임을 묻게 되고 그 결과가 안 좋아 물러나게 되더라도 '국민과 지지자들이 부활시켜 줄 것'이라는 확신이 생겼다. 무슨 큰 잘못을 한 것도 아니고 정치 공방, 계파 갈등 구도에서 비토 세력에 의해 물러난 것일 뿐, 유권자인 국민들이 물러나게 한 것이 아니기 때문에 결국 국민들이 다시 문 대표를 소환할 것이라고 봤다. 계파 갈등을 피하지 않고 정면 돌파한 정치인에게 국민들이 마음을 열어줄 것이라 판단했다. 그리고 그 길이 결국엔 이기는 길이라고 생각했다.

정치적 계산만 했으면 '재신임 카드'를 결코 낼 수 없었다. 재신임을 물어도 이길 수 있고, 설령 재신임을 못 받아도 결국 국민들에 의해 이길 것이라고 봤기 때문에 그런 결정을 할 수 있었던 것이다.

국회 정론관에서 "재신임 여부를 묻겠다"라는 브리핑을 하며 정면 돌파 의지를 밝히자 결국 비문 진영에서 꼬리를 내렸다. 오히려 "재신임 절차를 진행하면 안 된다"고 말리고 나섰다. 중진 의원들이 한 호텔에 모두 모여 문재인 대표를 만류하는 상황까지 만들어졌다. 그래서 "당 대표에 대한 불신이 강해 재신임을 묻는 것 아니냐. 만약 재신임을 물을 상황이 아니라면, 더 이상 흔들지 말라"고 요구했다. 요구는 의원총회에서 정식으로 받아들여졌다. 자리를 내놓겠다는 양보가 승리를 부른 셈이다.

물론 문재인 대표 흔들기가 이 사건으로 종결되지 않았다. 이후에도 끊임없이 문재인 대표 흔들기가 계속되었다. 그해 12월에는 안철수 의원이 탈당했다. 총선을 불과 4개월 앞두고 분당 사태가 벌어진 것이다. 이건 그냥 망하는 길이었다. 하지만 우리는 자신감이 있었다. 온갖 비판 속에서도 인재영입, 온라인입당, 플랫폼 정당이라는 세 가지 혁신을 차근차근 완성해오고 있었기 때문이다.

'시대와 문명'에 맞는 키워드를 갖고 준비해왔기 때문에 대세의 흐름은 우리에게 넘어왔다는 확신이 있었다. 문재인 대표도 "국민과 지지자들을 믿고 가자. 시스템 공천 등 우리가 준비한 것들을 보여주면 국민과 지지자들이 등을 돌리지 않을 것"이라고 말했다.

안철수 의원 탈당 직후 거짓말처럼 온라인 입당 원서가 쏟아져

들어왔다. 어떤 날은 하루에 1만 9천 명씩 입당했다. 우리가 이대로 무너지지 않을 것이라는 확신이 생겼다. 생즉필사 사즉필생生卽必死 死卽必生, 살고자 하면 반드시 죽을 것이요, 죽고자 하면 반드시 살 것이다 이라는 이순신 장군의 말이 떠올랐다. 결국 우리는 양보했기 때문에 이길 수 있었다.

내가 아니라 모두가 이기는 길을 찾아야 한다

불출마 결정으로 혁신의 실천력을 만들다

2015년 12월 3일 안철수 의원이 탈당 선언을 했다. 그로부터 4일 후 나는 불출마 선언을 했다. 2004년 처음 당선되어 국회에 들어왔고, 그 어려운 2008년 총선에서 바닥부터 기어 재선을 했으며, 2012년 총선으로 3선에 오른 뒤 당 사무총장 등 중역을 맡아 당 혁신과 구조 개혁을 실천해왔다. 힘들게 일군 의정 활동을 등지는 것은 결코 쉬운 결정이 아니었다. 주변에서는 반대와 우려의 목소리가 들려왔다.

"어, 뭐야? 다들 자기 살겠다고 탈당하는데, 최재성 사무총장은 불출마를 선언해? 혁신과 헌신을 이야기하네?"

당시 문재인 대표는 끝까지 말렸지만 나는 불출마를 결정할 수밖에 없었다. 혁신을 통해 정국을 돌파해야 하는 상황이었다. 시스템 공천을 통해 인적 혁신을 이뤄야 하는 상황에서 사정 봐주지 않고 새 사람으로 교체해야 하는 역할을 맡은 사무총장이 나였다. 당의 분열이 극심해 분당에 이르는 상황에서 가공할 만한 인적 혁신을 이루기 위해서는 내가 먼저 내려놓고 불출마를 선언해야 혁신의 실천력이 생길 수 있었다.

사실 그해 6월 내가 사무총장에 임명되었을 때 언론에서는 "최재성 의원이 불출마를 조건으로 사무총장을 맡았다"라는 보도가 나온 적이 있다. 그러나 그건 사실과 달랐다. 불출마 조건 같은 건 전혀 없었다. 그렇지만 '어차피 다음 총선에 못 나갈 운명'이라는 걸 어렴풋이 예상하긴 했었다. 사무총장으로서 당의 혁신을 진두지휘하는 일은 고난의 가시밭길이었다. 게다가 시간이 흐를수록 당내 분열이 심각해지면서, '사무총장을 하면서 출마를 할 수 없겠다'라고 어렴풋이 예상했던 운명이 점점 현실화되는 것을 느낄 수 있었다.

2012년 총선을 앞두고 당시 임종석 사무총장의 공천이 논란이 된 적이 있었다. 임종석 사무총장의 진두지휘로 공천이 이뤄지고 있었는데, 임종석 사무총장의 전 보좌관이 불법 정치자금 사건에 연루되어 재판을 받고 있었다. 임종석 사무총장은 무혐의를 확신했고 결국 무혐의 결정을 받았지만, 주변에서 그냥 둘리가 없었다.

성공하는 결정, 실패하는 결정

임종석 사무총장이 그런 상황 속에서도 출마를 한 것까지는 괜찮았는데, 문제는 그 다음에 발생했다. 나는 임종석 사무총장에게 "경선은 해야 하지 않겠냐"라고 조언했으나, 임종석 사무총장은 1차 공천 명단에서 경선 없이 단수 공천이 되었다. "이렇게 하면서 어떻게 공천 혁신을 이루겠느냐"라는 당 안팎의 거센 비난이 쏟아졌다. 오판을 한 것이다.

총선과 같은 전국적인 선거는 후보 개인도 중요하지만 '당이 굴러가는 모습', 즉 정당의 태도와 행태가 결정적 영향을 끼친다. 2012년 총선은 이명박 정부 말기에 이루어졌기 때문에 선거 전에는 민주당이 과반을 차지할 것이라는 예상이 주를 이뤘다. 그런데 민주당이 지고 말았다. 그때 총선에서 패배를 예감하게 만드는 몇 가지 사건이 있었다.

당에서 '한미 FTA 폐기'를 주장하면서 항의하기 위해 미국 대사를 만나러 간 일이 있었다. 한미 FTA는 노무현 정부 때 체결한 것인데, 그 당에서 폐기하자고 미국 대사에게 항의 방문까지 가니 국민들이 보기에 어땠을까. 심지어 미국 대사를 만나지도 못하고 돌아왔다.

'김용민 막말' 사건도 있었다. 총선 선거운동 기간에는 항상 '부활절'이 끼어 있다. 부활절 연합예배 같은 곳에 수천 명씩 모이는데, 보수적인 목사들뿐만 아니라 개혁적 목사들까지 모두 김용민 사건으로 우리를 비판했다. 그러면 바로 후보 사퇴를 하든가 아니면 완주하겠다고 정면 돌파하든가 빨리 결정을 내려야 하는데, 김용민 후보는 한동안 잠적해 있다가 돌아와서야 완주하겠다고 했다. 그런 상황에서 당은 아무런 결정을 내리지 못했다.

또한 그 와중에 김종인 비대위의 일부 지도부는 "보이지 않는 손이 있다"라고 공천 음모론을 제기하며 당직을 사퇴하기도 했다. 국민들이 보기에 "저 당은 도저히 믿을 수가 없다"라는 소리가 나오지 않을 수가 없다.

2016년 총선에서 우리는 분당이라는 악조건 속에서 싸웠지만, 새누리당은 더 심했다. 새누리당이 총선에서 패배한 것은 우리보다 더 분열되었고, 분열 양상도 저열했기 때문이다. 이른바 '진박 감별사'라는 것이 나왔고, 특정 지역구 '비박' 후보를 찍어 내고 '진박'을 공천했다. 그러다 '김무성 옥쇄 사건' 같은 것이 터지면서 국민들은 '오만한 집단'이라며 돌아선 것이다.

그 당시 박근혜 정부에서 돌아선 보수층 지지자도 상당했다. 민주 진보 진영이 분열되어 있었지만, 이런 보수 정당의 행태에 유권자들이 실망해 여당의 총선 패배로 이어졌다. 이때 보수층이 등을 돌리기 시작해 추후 '최순실 국정농단' 사태 때 정점을 찍었다.

반면 더불어민주당은 총선을 4개월 앞두고 탈당과 분당 사태를 겪었지만, 문재인 대표 시절 새로운 정치를 시도한 것이 탄탄한 기반이 되었다. 혁신의 기반이 있었기에 분당 사태 속에서도 오히려 새로 입당하는 당원이 폭증하고 지지율이 올라가는 이례적 현상이 나타났다. 그래서 선거를 치르는 시기의 정당 모습이 중요한 것이다. 따라서 나 스스로 불출마를 선언하며 인적 혁신으로 국민들에게 용서를 구하며 표를 달라고 호소하는 것은 너무나 당연한 일이었다. "이기기 위해 돌아갈 배를 불태우겠다"라고 이야기한 것이다. 지금 생각해도 잘한 결정, 훌륭한 결정이었다.

불출마를 선언한 뒤에도 결정을 해야 할 순간들은 계속 생겼다. 김종인 대표는 내게 총선 기획단장을 제안했다. 나는 거절했다. 사실 총선에서 기획단장은 엄청난 자리다. 하지만 문재인 대표가 떠난 마당에 내가 총선 기획단장을 하는 건 아무리 임무를 잘 수행해도 의미도 명분도 없는 것이었다. 그리고 내가 총선 기획단장을 맡는다고 해도 김종인 대표가 권한을 제대로 부여할지에 대한 확신도 없었다. 명분도 실제 역할도 없는 자리에 있을 이유가 없었다.

내가 거절하니 당 대표 밑에 기획조정실장 자리를 만들었는데, 이 역시 거절했다. 나중에는 나를 공천 선관위원으로 발표를 했으나 한 번도 나가지 않았다. 나에게 실질적 역할을 기대하는 것이 아니라, 나의 '불출마' 상징성을 이용해 지도부의 인사 명분을 만들기 위한 것으로 보였다. 실제로는 김종인 대표가 좋은 의도로 제안했더라도 나는 엑스트라일 수밖에 없었다. 게다가 실질적인 총선 기획 업무도 사실상 전략기획위원회로 넘어가 있었다.

당시 문재인 대표를 비롯해 주변에서는 총선 기획단장 등 역할을 맡으라고 권유했는데, 직함과 실질적 역할을 헷갈려서는 안 된다. '최순실 사태' 때 박근혜 대통령은 상황을 모면할 명분을 쌓기 위해 비서실장으로 한광옥 전 의원을 임명했다. 그런데 그때 비서실장 자리가 무슨 의미가 있었겠나. 완전히 잘못된 결정이다. 총선 기획단장을 거절한 것은 지금 생각해봐도 잘한 결정이었다.

악마는 디테일에 숨어 있다

2016년 4월 총선이 끝나니 전당대회가 코앞으로 다가왔다. 전당대회는 8월이었다. 당헌당규 상 현역 의원은 전당대회 후보 캠프에 들어가지 못한다. 불출마를 선언하고 백의종군했던 나는 그 덕에 전당대회 캠프에 들어갈 수 있었다. 당시 전당대회에 추미애, 이종걸, 김상곤 세 사람이 출마를 했는데, 이른바 '친문'들 사이에서는 추미애 의원을 추대하기로 했다. 그런데 사실 나는 추미애 의원 추대를 반대했다. 추미애 의원의 개인적 역량이나 성품 때문이 아니었다. '역할'에 어울리는지에 대한 고민이 있었다.

당시 전당대회에서 선출된 지도부는 이듬해 대선을 준비해야 하

성공하는 결정, 실패하는 결정

는 지도부였다. 그런데 추미애 의원은 DJ에 스카웃되어 정치에 입문한 '스타' 출신이었고, 당무를 차분하게 쌓아온 경험이 없기 때문이다. 조직 앞에 나서서 진두지휘하는 스타일이어서 자신이 아니라 남을 빛나게 해야 하는 대선 경선 등을 관리하기에는 어울리지 않는다고 판단했다. 오히려 박병석 의원 같은 분이 조직 관리형 리더로서는 적합하다.

하지만 추미애 의원을 대표로 밀기로 했으니 열심히 전당대회를 뛰어 추미애 의원을 대표로 당선시켰다. 어쨌든 결정을 내린 것에는 책임이 따르기 마련이다. 추미애 의원이 당 대표에 취임한 이후에는 '시집살이 한다'는 생각으로 내가 가장 열심히 뛰어다녔다. 또한 곧 있을 '대선 승리'라는 대의가 있기에 한 치도 방심하거나 쉴 틈이 없었다.

그러다 역사적인 변수가 터져 나왔다. '최순실 국정농단' 사태로 인해 광화문 일대가 촛불로 물들었고, 결국 탄핵에 의해 박근혜 대통령이 해임되고 2017년 5월 조기 대선이 열리게 된 것이다. 보수 진영은 궤멸 상태에 가까웠기 때문에 대세는 이미 넘어와 있었다. 한때 '반기문 대안론'이 떠오르기도 했지만, 절대 출마할 수 없을 것이라 예상했고 그대로 되었다. 국민의당 안철수 후보, 정의당 심상정 후보가 출마하며 민주진보 진영이 분열되어 있었지만 역시 대세에 지장을 줄 정도는 아니었다.

당내에서는 안희정 지사와 이재명, 최성 시장이 도전에 나섰지만 문재인 후보가 흔들릴 정도까지는 아니었다. 보수 진영이 무너지면서 후보가 마땅치 않으니 보수층 15%의 표가 푸른 초원을 찾는 유목민처럼 몰려다니던 상황이었다. 반기문 전 사무총장이 출마를 포기하자 안희정 후보의 지지율이 15~20% 포인트 올라가기도 했지만 나는 보수 진영의 후보가 확정되면 다시 썰물처럼 빠질 것이라고 봤다. 촛불 정국이 낳은 스타가 이재명 후보인데, 이재명 후보에게도 표가 분산될 것이라고 봤다. 상대 후보 측 표는 모두 부유하는 표였기 때문에 탄탄한 지지를 받고 있는 문재인 후보에게 위협이 되지는 않았다.

개인적으로는 당 안팎에 신경 쓰이는 경쟁자는 없었다. 대선 후보 당내 경선 룰도 자연스럽고 깔끔하게 합의되어 2012년 안철수 후보와의 단일화 때와 같은 갈등이나 결정할 일도 없었고, 2015년 당 혁신 갈등과 같은 '재신임 카드'를 쓸 일도 없었다. 그렇다고 방심할 수는 없었다. 이런 상황일수록 세밀한 디테일 하나하나에 신경 쓰고 더욱 조심해야 한다. 방심에 의한 사소한 실수가 쌓이면 나중에 큰 데미지를 입게 된다. 나는 문재인 후보 대선 캠프에서 선대위 종합상황실장을 맡았다. 정보를 모으는 상황실 역할만 하는 곳은 아니고, 정책, 전략, 조직, 정무, 후보 메시지 등 선거판 전체를 보는 곳이었다.

종합상황실장을 하면서 두 가지 결정을 했어야 했다. 문재인 후보가 단연 1위를 하고 있었기 때문에 다른 후보들의 모든 공세는 문재인 후보에게 집중되었다. 신경을 곤두세우고 방어해야 하는 입장이었다. 그때 내린 중요한 결정 두 가지를 소개할까 한다.

첫째, 문재인 후보의 아들인 문준용 씨에 대한 취업비리 의혹에 대한 대응이었다. 당시 '민주종편TV'라는 당에서 제작하는 유튜브 채널에 출연하고 있었는데, 진행을 하던 진성준 전 의원이 "너무 억울하니 문준용 씨가 직접 기자회견을 해서 논란을 끝내자는 의견이 있는데 어떻게 생각하시느냐"라고 물었다. 이에 내가 "턱도 없는 소리 하지 마세요"라고 잘랐다.

그건 말이 안 되는 이야기였다. 의혹 자체가 사실이 아님에도 네거티브성 정치 공방에 의해 불거진 문제이기 때문에 정치인도 아닌 문준용 씨가 직접 나서서 해명한다고 해서 공방이 끝날 일이 아니었다. 이미 해명을 다했고, 더 이상 해명할 것도 없었다. 만약 문준용 씨를 직접 대중 앞에 서게 했다면 그것은 정말 바보 같은 판단인 것이다. 너무 억울해서 논쟁 자체를 빨리 끝내고 싶은 마음이야 이해를 하지만 정치판은 그렇게 마음먹은 대로 되는 곳이 아니다. 괜히 주목도만 높아지고 논란 시간만 연장시키게 된다.

둘째, 송민순 전 장관 회고록 논란이었다. 송민순 전 장관은 자신의 회고록《빙하는 움직인다: 비핵화와 통일외교의 현장》에서 2007

년 11월 유엔에서 대북인권결의안 표결할 때 우리 정부가 찬성이냐, 반대냐, 기권이냐를 두고 청와대에서 내부 논의를 했는데, 당시 김만복 국정원장을 통해 북한에 의견을 물어본 뒤 '기권'으로 결론 내렸다는 요지의 주장을 했다. 이게 언론에 보도되면서 논란으로 확대되었다.

송민순 전 장관의 착각이었다. 대북인권결의안에 송민순 전 장관은 찬성 입장이었다고 한다. 그런데 청와대 내부 논의에서 기권으로 결론이 나자 노무현 대통령이 단독 독대를 해서 송민순 전 장관을 달래는 이야기를 한 것이다. 이를 송민순 전 장관이 진실인 것처럼 오해를 했다는 것이다. 송민순 전 장관이 오해했음을 입증하는 메모도 있었다. 그러나 캠프 내부 논의에서는 문준용 씨 케이스와 마찬가지로 "완전한 허위이기 때문에 메모를 공개하며 대응하면 주목도만 더 커지고 공방만 연장되기 때문에 메모를 공개하지 않는다"라고 결론을 내렸다.

그런데 문재인 후보가 오히려 더 세게 "메모를 공개하라"고 했다. 문준용 씨 관련 의혹은 후보 본인에 관한 것이 아닌 아들에 관한 것이기 때문에 직접적인 대응을 자제했지만, 송민순 전 장관으로 인해 제기된 의혹은 본인과 직접적으로 관련이 있었기 때문이었다. 문재인 후보는 당시 대통령 비서실장이었기 때문에 관련 논의의 당사자였던 것이다. 그래서 자신과 관련된 일은 정확하고 강하게 대응해야

성공하는 결정, 실패하는 결정

한다고 판단했던 것 같다.

결과적으로 강하고 단호하게 대응한 것이 올바른 결정이었다. 문재인 후보가 메모 공개를 지시하면서 이 문제는 깔끔하게 정리가 되었다. 송민순 전 장관이 반격할 줄 알았는데 더 이상 반응하지 않았다. 송민순 전 장관은 이미 정치인이 아닌 상황이었고, 반기문 전 유엔사무총장과 외교 라인 친분이 있다는 정도였다. 보수 진영이 공세의 고삐를 조일 수도 없는 상황이었다. 내가 그 점을 간과하고 문준용 씨 의혹과 똑같이 본 오류를 범한 것이었다.

이기는 결정은 올바른 판단에서 나온다

○
✔
○

백의종군 결정 후에 일찍 찾아온 승부수

2015년 6월 당 사무총장이 된 뒤 혁신을 통해 시스템 정당, 플랫폼 정당의 모습을 갖추고 새로운 인재영입에도 적잖은 성과를 냈다. 그러나 혁신의 과정에서 탈당과 분당이라는 갈등을 겪을 수밖에 없었다. 문재인 대표 시절 김상곤 혁신위원회가 마련한 '시스템 공천' 제도도 김종인 대표로 총선이 치러지면서 사실상 무력화되었다.

혁신의 완성을 위해 2015년 불출마를 선언한 뒤 2016년 총선은 내 지역구를 이어 받은 조응천 후보의 당선을 위해 진력을 다했다. 총선을 승리로 이끈 뒤에는 현역 의원이 아닌 입장에서 전당대회를 뛰었고, 추미애 대표 지도부가 들어선 뒤에는 시집살이 하는 심정으로 맡은 책임을 다했다. 최순실 국정농단 사태로 예상치 못했던 조기 대선을 치러야 했고, 나는 내 임무를 다하며 정권교체에 기여했다.

문재인 정부의 성공과 정권 재창출을 위해서는 2020년 총선을 잘 치러야 한다. 국회에 복귀하는 것이 내가 가장 잘할 수 있는 일이라고 생각했다. 대선을 치르는 과정에서 나는 국회에 복귀하기로 마음먹었다. 문재인 대통령이 당선되고 1주일이 지난 5월 16일 새벽, 나는 "새 정부에서는 아무것도 하지 않겠다"라고 백의종군 선언을 했다. 문재인 대표와 함께 더불어민주당을 혁신하고 대선 캠프 주역 중 하나로 내가 청와대에 들어가거나 새 정부에 들어가리라는 예상이 많았지만 나는 국회 복귀를 염두에 두고 백의종군을 선언했던 것이다.

그러나 내가 12년 동안 국회의원으로 일했던 남양주로 돌아갈 수는 없었다. 조응천 의원의 선거를 치르면서 마음은 두되 뒤돌아보지 않겠다고 다짐했다. 자의든 타의든 지역구를 물려주거나 양보한 뒤 나중에 물의를 빚는 경우가 종종 있었다. 서울의 한 중진 의원은 정치자금법 위반으로 출마를 못하게 되자 자신의 보좌관을 출마 시켜 국회의원에 당선시켰다. 그런데 나중에 복권된 뒤 보좌관에게 물려준 지역구에 다시 출마를 하려 했고, 그 과정에서 두 사람은 충돌했다.

자기의 지역구를 상대 당 후보에게 빼앗겼다면 재도전하는 것이 자연스러웠겠지만, 같은 당 안에서, 그것도 자신의 옛 보좌관과 지역구를 두고 싸우는 것은 밖에서 보기에도 안 좋고 서로 의를 상하기도 했다. 그런 면에서 임종석 전 의원은 깨끗했다. 2012년 총선에서 재판 문제도 있고 사무총장으로서 단수 공천을 하려 했다는 논란에 휩싸이기는 했지만 그 과정 끝에 자신의 지역구를 홍익표 의원에게 넘겨줬고, 다음 총선에서도 지역구를 바꿔 은평을에 도전했기 때문이다. 만약 홍익표 의원의 지역구에 복귀하려 했으면 오늘날의 임종석은 없었을지도 모른다. 나도 다시는 옛 내 지역구에 기웃거리지 않기로 결정했다.

원래 남양주는 갑을로 나뉘어져 있었고 내 지역구는 남양주갑이었다. 그런데 남양주 인구가 늘어 2016년 총선 때 지역구가 한 곳 늘어 갑을병 세 지역구로 재조정이 되었다. 갑에는 조응천, 을에는 김한정, 병에는 최민희 후보가 공천을 받아 출마했다. 조응천, 김한정 후보는 박빙의 승부 끝에 당선되었고, 최민희 후보는 아쉽게 낙선했다. 나는 이미 "뒤돌아보지 않겠다", "기웃거리지 않겠다"고 다짐을 했기 때문에 남양주는 쳐다보지도 않았다.

그런데 2018년 지방선거와 함께 열리는 재보궐 선거에서 수도권 지역구가 딱 두 곳이 나왔다. 안철수 의원이 의원직을 사퇴한 서울 노원병과 최명길 의원이 선거법 위반으로 의원직을 잃은 송파을이었다. 노원병은 민주진보계열이 강세를 보이던 지역이었기에 보궐선거에 출마한다면 상대적으로 어려운 송파을에 출마하는 게 맞다고 생각했다. 국회에 복귀하기 위한, 조금 일찍 찾아온 승부수였다.

재보궐 선거는 중앙당 차원에서 전략공천을 하는 경우가 많다. 그러나 나는 경선을 마음먹고 송파을에 뛰어들었다. 내가 당 혁신 작업을 하면서 그렇게 주장했던 제도의 의한 시스템 공천을 내 스스로 실천하는 건 당연했다.

결정의 오류는 오판의 도미노 효과를 낳고

그런데 상황이 묘하게 흘러갔다. 상대 후보 지지자들이 중앙당에 와서 "철새 대신 뻐꾸기냐"며 나의 송파을 도전을 반대하는 시위를 벌인 것이다. 내가 중앙당의 전략공천으로 송파을에 가겠다는 것도 아니고 공정하게 경선을 치르자는 것인데 반대하는 것은 이례적인 일이라고 볼 수 있었다. 지지자들의 시위는 오히려 상대 후보가 명분을 잃을 만한 행동이었다.

결정의 오류는 반드시 오판의 도미노 효과를 일으킨다. 나중에는 상대 후보의 경선 캠프까지 오판이 전염되어 결정적인 실수들을 연달아 했다. 앞서 2장에서도 자세히 기술했듯이 나는 뒤늦게 뛰어든 시간적, 수적 열세를 극복하고 결국 경선에서 승리해 공천을 받았다. 본선에서도 자유한국당 배현진, 바른미래당 박종진 후보를 따돌리고 당선되었다.

정권 교체가 확실했기에 대선 때부터 나는 문재인 정부의 성공과 정권 재창출을 위해 다시 헌신해야겠다고 마음먹었고, 내가 잘할 수 있는 곳은 국회라는 점을 잘 알았기에 국회 복귀를 다짐했다. 그리하여 새로 출범한 정부에 참여하지 않고 선거를 기다렸다. 내가 떠난 지역구는 다시는 기웃거리지 않겠다는 원칙을 세워뒀기에 다른 기회를 찾았고, 2018년 보궐 선거라는 기회를 맞이했다. 그 기회도 쉬운 길이 아니라 조금이라도 더 의미 있는 승리를 만들기 위해 송파을이라는 상대적인 험지에 뛰어들었다. 무엇보다 당시 문재인 대통령에 대한 인기가 높았기에 질 수 없는 흐름이기도 했다.

어차피 질 게임이라면 잘 져야 다음을 도모할 수 있다. 하지만 이길 수 있는 게임이라면 반드시 이기는 결정을 해야 한다. 이기는 결정은 올바른 판단에서 나온다. 다시 한 번 강조하지만 올바른 판단을 하기 위해서는 시대성, 시기성, 상대성을 잘 파악해야 한다. 이를 명확히 파악하지 않고 섣불리 덤볐다가는 오판이 오판을 낳는 악순환에 빠지기 십상이다.

수평적 문명 시대의 소통 방식과 결정의 기준

디지털 융합 문명에 적합한 맥락과 감정의 복합성을 인지하는 소통 방식

현대 소통 이론의 최고 거장인 하버마스는 소통의 합리성이란 주어진 진리가 아니라 개인들이 동의하여 결정하는 것으로 바라봤다. 동의가 필요하다는 점에서 소통은 근본적으로 단방향이 아닌 양방향일 수밖에 없다는 것이다. 이런 하버마스의 소통적 합리성은 개인의 폐쇄된 주관성을 넘어 남과의 상호주관성에 근거한 것이라는 점에서 큰 의미가 있다. 하지만 하버마스의 소통적 합리성은 지나치게 이성을 강조함으로써 현실 사회에서 나타나는 다양성과 감성적 차원을 배경으로 하는 탈근대적 합리성의 측면을 배제한다는 제한이 있다.

반면 아렌트는 기본적으로 하버마스가 지향했던 보편적 이성이 아닌 인간의 감성과 특수성을 중시했다. 상대방의 유대감에 호소하고, 개인의 개성을 인정해 인간다움을 보장하고자 한 아렌트의 소통 개념은 하버마스의 이성 지향적 소통 개념을 보완했다. 그러나 아렌트 역시 이성 중심적 사고에서 자유롭지 못했고, 하버마스와 마찬가지로 소통의 전제를 대면으로 한정했다.

하버마스와 아렌트의 철학은 새로운 소통의 이론적 토대가 됐지만 언제 어디서든 자유롭게 연결되는 디지털 융합 문명의 소통 추구 방식을 전부 담아내진 못했다. 디지털 융합 문명을 맞이하는 지금 우리에겐 하버마스와 아렌트를 극복해낼 새로운 소통 논의가 필요하다. 효율성과 도구적 합리성에 매몰된 소통 방식이 아닌, 다양한 맥락과 감정들의 복합성을 인지하는 소통 방법이어야 한다. 이것이 정보통신정책연구원의 정국환 박사가 말한 맥락적 소통이다.

정국환 박사에 따르면 과거에도 맥락을 고려한 소통은 있었다. 그러나 그 맥락들은 나이, 서열, 조직, 권위 등에 눌려 제대로 고려되지 않거나 배제되곤 했다. 그런데 디지털 융합 문명이 도래하면서 소수가 다수의 개인들을 이끌던 방식의 소통은 한계를 맞았고, 자율적 개인들의 의견이 점점 더 중요해지는 방식으로 변화를 맞이했다. 다양성, 공존, 조화를 이루는 사회를 구현하고자 하는 가치의 주류화가 시작된 것이다. 이러한 사회의 변화는 맥락을 고려한 소통이 가능해진 기반이 됐다.

　정국환 박사는 맥락을 고려한다는 건 이성의 영역만으로 가능한 것도 아니고, 감성의 영역만으로 이뤄지는 것도 아니라고 강조했다. 다만 감성의 차원을 더하는 것에서 개인적 감성보다 사회적 감성의 차원을 고려하는 것이 필요하다고 말했다. 대니얼 골먼은 사회적 감성 능력을 타인의 감정과 관심 등을 인지하고 다른 사람과 의견을 나눌 수 있는 갈등 관리 능력으로 정의했다. 개인의 모든 맥락을 의사결정 과정에 반영하는 것이 아니고, 개인의 맥락 중 사회적으로 용인되는 것만을 소통 과정에서 수용하는 합리성이 필요하다고 본 것이다. 다시 말해 수평적 문명시대의 맥락적 소통이란 공감과 상식을 모색하는 것이라 할 수 있다.

　촛불혁명이 대표적인 사례다. 촛불 혁명을 이끈 건 정당이나 시민단체와 같은 기성 정치집단이 아닌 정보와 지식으로 무장된 개인들이다. 소수 지도자에 의해 동원된 게 아닌 자율적 개인들의 자발적 행위였다. 촛불로 모인 감정 역시 국정농단이라는 전대미문의 사건에 대한 사회적 분노지 소수 개인의 분노가 아니다. 공감과 상식이라는 맥락에 근거해 대통령 퇴진이라는 지극히 이성적인 결정을 내린 것이다.

　이렇듯 맥락적 소통은 시민들의 참여에서 그치지 않고 기존 질서와 담론에 대한 대안을 선택하는 결정의 주체로 만들었다. 그렇다면 정보의 독점이 사라진 수평적 문명에서 결정의 과정과 방식은 새로워져야 한다. 나와 나를 둘러싼 사람, 환경과의 맥락적 소통을 거치는 것이 당연하다.

이 시대의 결정의 과정이란 나를 비롯한 모든 주변인과 지식·정보를 아우른 이성과 감정의 새로운 맥락적 소통을 통해 상식을 찾아가는 과정이다. 이런 상식에 부합할수록 좋은 결정일 확률이 높다. 하지만 그게 말처럼 쉽지 않다. 주변의 다양한 요인들이 상식을 찾는 과정에서 장애로 작용하기도 한다. 그러므로 상식을 찾는 결정은 이 방해 요인들을 거둬내는 과정이다.

우선 결정을 앞두고 가까운 사람의 이야기일수록 진중하게 들어야 한다. 배우자, 친구, 멘토 등 가까운 사람일수록 그들의 의견을 받아들이는 것에 거부감이 적다. 이 때문에 논리상의 허점을 쉽게 놓치는 경향이 있다. 만약 이들의 의견이 옳다고 판단이 돼서 수용하려거든 반드시 허점과 오류를 찾아 나서는 과정을 치열하게 거쳐야 한다. 그래야 나의 결정이 상식에 가까워질 수 있다.

열등감에 몰입하거나 자신감에 도취되는 것도 금물이다. 자신의 장·단점이 결정의 과정에서 과도하게 작용되면 상식과 먼 결정을 할 수밖에 없다. 그런 의미에서 대결 한번 없이 무릎 꿇자는 식의 굴복적인 결정은 안 좋은 결정이다. 나의 약점만 의식해 상식을 외면한 결정일 수 있기 때문이다. 대책 없이 일단 싸우고 보자는 식의 결

성공하는 결정, 실패하는 결정

정은 더욱 안 좋은 결정이다. 내 강점과 감정에 눈이 멀어 상식을 무시한 결정일 가능성이 높다.

결정은 책임이다. 대안 없는 지르기식의 결정의 폐해는 모두가 감수해야 한다. 일본경제침략특위가 비록 완벽하진 않더라도 당당하고 냉정한 대응 기조를 유지할 수 있었던 것 역시 분석과 대안이 있었기 때문이다.

정치의 영역이 아니더라도 인생은 결정의 연속이다. 누구든 살아가면서 결정의 순간 앞에 선다. 그래서 이 책은 정치 리더만이 아니라 우리 모두에게 해당되는 이야기다. 결정은 상식을 찾아가는 게임이다. 상식을 저해하는 요소들을 넘어서는 것이다. 전략이 기술이 아니듯 결정도 기술이 아니다. 결정의 과정은 왜곡과 편견, 관성과 감정을 일으키는 자신과 자신을 둘러싼 환경을 넘어 상식을 찾아가는 과정이다.

4

리더의 결정은 실패가 많다

시대와 문명은 수평적 리더십을 원한다

시대의 흐름을 따르지 못한 리더들

지난 대선 더불어민주당 경선에 문재인, 안희정, 이재명, 최성 후보가 나섰다. 문재인 후보와 다른 후보들의 가장 큰 차이점은 무엇이었을까.

문재인 후보는 국회의원과 당 대표를 지내며 당내에서 리더십을 쌓았지만, 나머지 세 후보는 지방자치단체장이었다. 최성 후보는 국회의원을 지냈지만 지지율이 낮았기 때문에 논외로 하고, 안희정, 이재명 후보는 국회의원 경험이 없다는 공통점이 있다. 지난 대선 경선에 나서지는 않았지만 유력한 대권 주자였던 박원순 시장의 가장 큰 약점도 국회의원 경험이 없다는 것이었다.

성공하는 결정, 실패하는 결정

국회의원과 자치단체장에게는 어떤 차이가 있을까? 가장 큰 차이점은 리더십이다. 국회의원은 수평적 리더십에 익숙하고 자치단체장은 수직적 리더십에 익숙한 자리다. 국회의원 300명은 정당에 속해 있긴 하지만 개개인이 독립적인 헌법기관이다. 서로 동등한 위치에서 경쟁하고 협력하고 때로는 토론하고 갈등을 벌이는 관계이다. 초선 의원도 당 대표와 싸울 수 있는 위치에 있다. 그 안에서 수평적인 리더십을 익히게 된다. 반면 자치단체장은 상하 관계로 이루어진 수직적인 조직을 이끄는 수장이다. 자연스럽게 수직적 리더십에 익숙해진다.

지금 시대는 수평적 관계가 주를 이루는 문명의 시대다. 기업들도 수직적 상명하복의 의사결정 구조를 갖춘 전근대적인 조직으로는 살아남지 못하는 시대이다. 기업들도 수평적, 융복합적 조직으로 탈바꿈해 발전을 꾀하는 시대인데, 수직적인 공무원 문화에 익숙한 리더는 새로운 시대에 맞지도 않고 적응하기도 어렵다.

반면 문재인 후보는 정당 정치를 압축적으로 경험하고 학습했다. 2012년 대선 출마부터 2017년 조기 대선에 나서기까지 5년이라는 세월 동안 다른 사람이 20~30년 동안 했을 경험을 압축적으로 했다. 그 사이 국회의원은 물론 전당대회에도 나가 당 대표로 당을 이끌기도 했다.

문재인 후보는 이 과정을 통해 수평적 리더십을 빠르게 익혔다.

리더는 최종적인 결정을 해야 하는 자리이지만 문재인 후보는 판단하는 과정을 절대 혼자 하지 않는다. 그리고 주변에서 의견을 듣는 과정도 개방적이다. 많은 리더들이 이미 결론을 내려놓고 의견을 듣는 경우가 많은데, 문재인 후보는 항상 열려 있는 자세로 경청하고 실제 자신의 의견을 바꾸기도 한다.

하지만 자치단체장은 조직의 수장으로서 결정을 내리고 오더를 내리는 데 익숙한 자리다. 시청, 도청 직원들이 단체장과 수평적인 입장에서 이야기를 할 수 있겠나. 안희정 후보는 충남 도지사만 8년, 이재명 시장도 성남시장만 8년을 했다. 당시 박원순 시장도 서울시장만 7년(2011년 재보궐 선거로 서울시장 당선)을 했다. 그런데 자리에 따른 리더십의 스타일을 간과하고 이재명 시장은 2018년 지방선거에서 경기도지사로, 박원순 시장은 서울시장으로 3선 지방자치단체장 자리를 택했다. 이재명 지사와 박원순 시장은 10년 넘게 자치단체장만 하게 되는 것이다. 본인이 아무리 수평적 리더십을 갖추려고 해도 자리 자체가 수평적이지 않다.

나는 이게 가장 큰 패착, 결정의 오류라고 본다. 대통령이라는 자리는 시대와 문명을 떼놓고 생각할 수 없는 자리이다. 대통령을 꿈꾼다면 시대와 문명에 맞는 리더십을 갖출 수 있는 자리에 먼저 가 있어야 한다.

국민 한 사람 한 사람이 리포트를 분석하듯이 결정하지는 않지만,

성공하는 결정, 실패하는 결정

지난 경험을 돌이켜보면 큰 틀에서의 문명적 흐름에 따른 결과가 나왔다. 역대 선거 결과를 보면 문명의 흐름이 기가 막힐 정도로 정확하게 반영되어 왔다. 참 묘한 일이다. 그래서 시대와 문명을 빼고 대통령의 조건과 자격을 이야기하는 것은 잘못된 것이다.

예를 들어 안희정 후보 같은 경우 대선 경선 과정에서 미숙함을 드러냈다. 안희정 후보는 충남도지사 재선을 한 뒤 3선 도전을 하지 않았지만, 대선 경선 때 '대연정' 카드를 꺼내 들었다. 대연정이 본인의 소신인 것은 알고 있지만 촛불 정국 와중에서 꺼낼 이야기는 아니었다. 아무리 자기 소신이었어도 자신의 소신을 드러낼 때가 있고 일단 감춰야 할 때가 있다.

자치단체장은 자신의 소신을 펼칠 때 거칠 것이 없다. 그러나 치열한 경쟁이 펼쳐지는 여의도 정치 한복판에서는 항상 전후좌우에 포진되어 있는 적과 아군을 구별할 줄 알아야 하고, 상대와 시기에 맞는 결정을 끊임없이 고민해야 한다. 안희정 지사에게는 그런 게 부족했다.

아직도 아쉬운 정세균의 결정

정세균 전 국회의장은 훌륭한 정치인이다. 정세균 의장도 문재인 대통령처럼 주변 의견을 잘 듣는 경청의 자세를 갖춘 리더이다. 그런데 차이점이 하나 있다. 정세균 의장은 자기 생각이 더 뚜렷하다. 그래서 열심히 귀 기울여 듣기는 하는데, 자기 생각과 다르면 상대방을 설득하는 입장일 때가 많다. 이는 타고난 전략가의 태도이다. 그래서 열의 아홉은 자기 생각대로 간다.

하지만 정세균 의장도 결정적인 순간에 자기 생각과 다른 의견을 받아들여 성공한 경우가 있다. 전북 무주·진안·장수·임실에서 내리 4선을 한 정세균 의장은 당 대표 시절 '호남 불출마'와 2012년 제19대 총선 '험지 출마'를 선언했다. 호남 정치인을 벗어나 전국구 정치인으로 도약하겠다는 의지였다. 마침 그 당시 조성준 성남중원 지역위원장이 정계 은퇴 의사를 밝히면서 정세균 의장에게 성남중원 출마를 권유했다. 주변에서는 모두 성남중원 출마를 권유하는 상황이었다.

그때 내가 정세균 의장을 찾아가 "절대 안 된다"라고 반대하며 세 가지 이유를 들었다.

첫째, 시기가 너무 빠르다. 아직 공천과 대진표 짜기도 전인데 제일 먼저 출마 선언을 해서는 안 된다. 나중에 결정해도 늦지 않다.

둘째, 호남에서 벗어나 전국적인 정치인이 되겠다면서 하필 호남 출신 유권자가 많은 지역구에 나가는 것은 옹색하다. 국민들이 보기에 호남이나 성남중원이나 '초록이 동색'인 것처럼 보일 것이다.

셋째, 성남중원은 전통적으로 진보정당이 강한 지역이라 연합공천 내지, 선거 연대를 할 수 있는 지역인데 일반 정치 신인도 아니고, 당 대표까지 지낸 분이 진보정당들과 양보를 하니, 못하니 하는 것 자체가 모양새가 좋지 않다.

이렇게 근거를 대며 반대하자 정세균 의장은 바로 인정하고 마음을 바꾸었다. 정세균 의장은 험지 중의 험지이자 '정치 1번지'로 불리는 서울 종로구에 출마했다. 종로는 윤보선 대통령이 3선을 했고, 노무현, 이명박 대통령이 국회의원을 지낸 곳이다. 지금은 그때에 비하면 상징성이 덜하지만, 1990년대 이후 보수 정당이 장악하고 있던 곳이라 우리 입장에서는 험지 중의 험지였고 반드시 탈환해야 하는 지역이기도 했다.

그래서 거물급 정치인이 도전장을 내미는 단골 지역구이기도 하다. 직전 18대 총선에서도 손학규 대표가 출사표를 던졌다가 고배를 마셨다. 종로는 여전히 스스로를 '거물급'으로 포지셔닝 하고자 하는 정치인들이 관심을 갖는 지역구다.

19대 총선 당시 상대 후보도 만만치 않았다. 현역인 박진 의원이 있는 상태에서, 이명박 대통령의 최측근인 이동관 전 대변인이 공천을 노리고 있었다. 그러다 '친박' 홍사덕 의원이 공천을 받았다. 결국 대진표는 '정세균 대 홍사덕'으로 결정되었다. 6선 국회의원이었던 홍사덕 의원은 관록이나 인지도 측면에서 결코 만만한 상대는 아니었다.

그럼에도 불구하고 종로구 유권자들은 '험지 중의 험지'에 나서는 정세균 대표의 도전 정신을 높이 샀다. 정세균 대표 특유의 스킨십과 안정감이 더해져 정세균 대표는 52.27% 득표로 과반수 넘게 득표하며 5,000표 이상의 압승을 거뒀다.

만약 정세균 대표가 성남중원에 출마했다면 무난하게 당선은 되었을지 몰라도 선거까지 가는 과정에서 수많은 논란으로 상처를 입었을 것이며, 당선되었다 하더라도 호남 불출마 선언의 의도는 온데간데없이 "꽃길만 걷는다"라는 비판을 피할 수 없었을 것이다. '이겼어도 진 결정'을 한 결과가 되었을 것이다.

하지만 종로에 도전함으로써 교두보를 마련할 수 있었다. 낙선하더라도 당초 자신의 '호남 불출마' 선언 의지를 실천한 바른 정치인으로서 다음 기회를 노릴 공간이 생긴다. 최소한 '져도 잘 지는 방법', '져도 이기는 선거' 정도는 확보되는 것이다. 당장의 사소한 이익에 매달리면 올바른 결정을 할 수가 없다. 정세균 대표의 2012년 19대 총선 종로 출마는 백 번 옳은 결정이었다.

그런데 정세균 대표의 그 다음 결정이 다소 아쉬웠다. 나는 정세균 대표가 2012년 총선, 대선을 관리하는 당 대표 역할을 해야 한다고 생각했다. '관리 능력'에서는 정세균 대표를 따라갈 인물이 없다. 그는 유능한 전략가인데다 이해 당사자들의 갈등을 조정하고 관리하는 데 탁월한 리더십을 갖추고 있다. 다만 대중적인 인기를 바탕으로 한 에너지가 부족하다.

예를 들어 문재인 대통령은 젊은 시절부터 인권 노동 변호사를 하며 오랫동안 사회적 약자의 편에 서 있었고, 노무현 대통령 때는 시민사회수석과 비서실장을 하며 '노무현의 친구'라는 이미지가 있었고, 노무현 대통령 서거 때 중심을 지켰으며, 이후 정치에 뛰어들어 온갖 비토 세력의 탄압에 맞서 싸운 이력으로 대중적 에너지를 쌓아왔다. '문재인의 길'과 '정세균의 길'은 엄연히 다르다. 그렇기 때문에 정세균 대표는 자신만의 길을 개척해야 했다.

정세균 대표가 2012년 총선과 대선을 관리하는 당 대표의 자리에 있었다면 총선 승리를 바탕으로 대선까지 승리를 할 수 있었을지도 모른다. 2013년 문재인 대통령이 취임한 뒤 정세균 대표가 총리를 맡았으면 총리직 수행을 통해 경륜과 정치력으로 2017년 대선에서 유력한 대권주자의 반열에 오를 수 있었을 것이다.

정세균 대표는 2012년 대선 경선에 출마해 끝까지 레이스를 펼쳤다. 손학규, 김두관 후보가 경선 룰에 대해 문제제기를 하며 경선판 자체를 흔들었지만 정세균 대표가 중심을 지켰기에 경선이 끝가지 갈 수 있었다. 패배가 뻔했지만 정세균 대표는 공동의 이익을 위해 '잘 지는 길'을 택했다.

정세균 대표는 2016년 총선에서 승리하며 20대 국회 전반기 국회의장에 취임했다. 그 자체로 정치인으로서는 큰 의미가 있는 자리 이지만 만약 2012년 다른 결정을 했다면 지금 다른 길을 걷고 있었 을지도 모른다.

성공하는 결정, 실패하는 결정

비주류의 길을 걸어간 리더들

탄핵에 놀란 유승민

이야기가 나온 김에 야권 유력 정치인 한 명의 결정의 순간을 하나 더 짚고 넘어가보자. 바로 바른미래당 유승민 의원의 결정이다. 한마디로 유승민 의원의 탈당 및 신당 창당 결정은 실책이었다.

민주당은 '제3지대' 창당의 경험이 꽤 있다. 앞서 이낙연 총리의 '선도 탈당'에서 언급했듯이 2007년에는 열린우리당으로는 더 이상 안 된다는 공감대가 형성되어 있었고, 일부 인사들이 '선도 탈당'을 통해 제3지대에 교두보를 만들고 여기에 여러 세력이 뭉치는 식이었다.

그런데 2016년 '최순실 사태'가 터지면서 2017년 1월 출범한 바른정당은 민주당의 '제3지대 창당'과는 결이 달랐다. 난파선에서는 일단 뛰어내리는 것이 올바른 판단이다. 최순실 정국 당시에도 '새누리당에 남아 있다가는 다 같이 죽는다'라고 생각한 사람들이 뛰어나온 것이고, 그렇게 생긴 정당이 바른정당이다. 아마 대권을 꿈꾸는 사람들은 보수의 축을 옮기고 싶었을 것이다. 나간 사람들은 '안 나온 사람들은 망할 것'이라고 생각했을 것이고, 안 나간 사람들은 '나간 사람들 제발 망해라'라고 했을 것이다.

여기에 결정적 차이가 있다. 민주당이 제3지대 창당을 할 때도 '친노 참여'가 쟁점이었다. 김한길, 박상천 의원 등은 '친노 배제'를 주장했다. 문제는 분열 상황이지만 의석수가 많은 열린우리당이 제3지대에 참여할 이유가 별로 없는 것이다. 정세균, 나 같은 경우에는 '배제 없는 통합'을 외쳤다. 2017년 새누리당과 바른정당의 분리도 서로 '배제'를 전제로 했기 때문에 성공할 수 없었던 것이다.

제3지대에서 독자적인 힘으로 수권정당이 된 사례는 한국 정치사에 없다. 제3지대 정당이 기반을 마련하기 위해서는 유력한 대권 주자와 현역 국회의원이 어느 정도 확보되어야 한다. 바른정당은 호기롭게 출범했지만 상황은 급반전되었다. 처음에는 새누리당 비박계 의원 35명이 합류 의사를 밝혔지만 막상 뚜껑을 열어보니 29명이었다. 게다가 대선 국면에 접어들면서 새누리당이 자유한국당으로 간판을 바꿔 달고 홍준표 후보가 유승민 후보보다 지지율이 높

성공하는 결정, 실패하는 결정

게 나오자 12명이 도로 자유한국당으로 돌아가버렸다.

당 자체가 위기를 맞았을 때 제일 쉬운 결정이 '나가버리는 것', 즉 탈당이다. 제일 어려운 것이 당에 남아 당 안에서 구태를 바꿔내는 것이다. 몇 천 배는 어렵다. 당 안에서 바꾸기 위해 최선의 노력을 다하다가 안 되면 그때 다른 수를 찾아야 한다. 내가 가진 철학과 방향이 맞는 것이라는 확신이 서면 그때 작전상 탈당을 결심해도 된다. 다만 탈당을 하더라도 선도적 역할이 가능한지 살펴야 한다. 적어도 대권 후보라면 그렇게 해야 한다.

자유한국당은 수십 년의 전통이 있는 당이었다. 자기들이 만든 대통령이 '국정농단' 사태에 의해 탄핵이 되고 위기를 맞이했으면, 지도자라면 그 안에서 위기를 극복하고자 시도했어야 했다. 그럼에도 불구하고 일단 소나기는 피하고 보자는 식으로 당을 박차고 나간 것은 다음 그 다음까지 내다보지 못한 사려 깊지 못한 판단과 결정이었다. 그러다 보니 탈당과 창당 과정에서 나간다고 했다가 안 나간 사람, 나갔다가 바로 돌아온 사람, 안 나가고 버틴 사람 등 판단과 결정이 제각각이었던 것이다. 공통의 생각이 하나도 형성되지 않은 상태에서 일을 벌인 것이고, 실패할 수밖에 없었다.

이와 같은 맥락에서 아쉬운 결정을 내린 사람들이 한때 보수 진영의 개혁을 이끌 소장파라 불렸던 원희룡, 남경필 같은 인물들이다. 국회의원과 정당 정치, 자치단체장 경험을 두루 하면서 다양한 경력을 갖췄지만 결정적인 순간에 오판이 잦다.

원희룡 제주도지사는 탈당해 무소속이 되었다. 그 순간 원희룡 지사는 대권 주자군에서 영영 멀어졌다고 볼 수 있다. 당내에서 다음을 도모하고자 했으면 제주도지사 당선되든 낙선되든 당적을 유지한 채 출마했어야 했다. 우선 본인만이라도 살겠다고 무소속을 택한 것인데, 제주도지사는 한 번 더 할 수 있을지 몰라도 그 다음으로의 도약이 어렵게 되었다.

남경필 전 지사의 경우 결정을 쉽게 하는 스타일이다. 경기도지사할 때도 정무부지사로 민주당 인사를 임명하는 등 연정 결정도 쉽게 내렸다. 그런데 매우 열정적으로 매진한다는 느낌을 유권자들에게 별로 주지 못한다. 남경필 전 지사가 한창 한나라당 개혁의 깃발을 들고 있을 때도 '오렌지 정치'라는 소리가 유행하기도 했다.

이번에는 아예 은퇴 선언을 하고 창업 전선에 뛰어들었는데, 아마 창업 성과를 갖고 돌아와 다시 비상하고자 하는 그림을 그리고 있지 않나 싶다. 맨손으로 돌아오지는 않을 것이다. 어느 정도 성과를 내면 그에게 남은 도전은 대권이다. 성과가 있다면 당 밖에 있었어도 '대안'으로 호출될 가능성도 있다. 그런데 남경필 전 지사의 지난 행보와 결정의 과정들을 보면 과연 얼마나 절실하게 창업, 그리고 청년 문제에 매달리고 있는지는 의문이다.

본질을 못 보고, 시기를 놓치고, 상대성을 결격한 결정, 안철수 ─────

유승민 의원과 비슷한 결정의 오류를 자주 보이는 인물이 안철수 전 대표이다. 안철수 전 대표를 처음 만난 것은 2010년 말이었다. 나는 2008년 촛불시위를 계기로 '문명적 변화'에 대한 고민에 푹 빠져 있을 때였기 때문에 안철수 전 대표를 만난 자리에서 이에 대한 이야기를 했다. 안철수 전 대표도 클라우드 소싱, 융복합 등 기술적인 측면의 진화에 대해 이야기를 했다.

그런데 나는 첫 만남에서 안철수 전 대표가 2012년 대선에 직행하겠다는 느낌을 받았다. 당시 서울시장 보궐 선거가 열리기 전으로 안철수 전 대표의 인기가 한참 오르고 있을 때였다. 당시 '시골의사' 박경철 씨의 연락으로 만났는데 나를 만나보겠다고 한 것 자체가 대권 도전 의사로 읽혔다. 그렇게 해석한 데에는 한 가지 이유가 더 있었다.

그 당시 동국대학교가 외부에서 총장을 영입하기 위해 인물을 물색하던 때라 난 동국대 총장에 도전해보면 어떻겠냐고 했다. 그런데 "다른 대학에서도 총장 제의가 있었지만 거절했다"라는 것이었다. 나중에 알고 보니 거절한 곳은 포스텍이었다. 당시 시점에서 2012년 대선을 앞두고 있으니, 대선을 위해 대학 총장 자리를 모두 거절한 것으로 나는 해석했다.

그러다 2011년 갑작스럽게 서울시장 보궐 선거가 열리게 되었다. 그때 박경철 씨가 "안철수 전 대표가 서울시장에 나온다"라고 트위터에 썼다가 지운 사건이 있었다. 박원순 시장보다 안철수 전 대표의 인기가 훨씬 더 높을 때였다. 나는 '프로파간다를 시작한 것'으로 봤다. 그런 행위 자체가 매우 웃긴 것이다. 이미 2012년 대선 출마를 위해 계획에도 없던 서울시장 출마를 지렛대로 쇼를 한 것으로 보였다.

대중에게 진실하기보다는 대선 출마를 위해 '서울시장 보궐 선거를 어떻게 활용할까' 계산만 한다는 느낌을 받았다. 서울시장 출마 분위기를 흘려 지지율 1위를 기록하게 한 뒤 양보한다. 그러는 일련의 과정들을 진중하지 않고 게임을 하듯이 했다.

안철수 전 대표는 실제로 2012년 대선 출마를 선언했다가 단일화 과정에서 돌연 불출마를 선언하고 대선 레이스를 접었다. 이후 2014년 새정치민주연합으로 민주당에 합류했다. 나는 2015년 문재인 대표 시절에 '문안박(문재인-안철수-박원순) 공동체제'를 제안했다. 문안박 공동체제는 당내 대선 구도를 조기화해 대선 주자들 중심으로 당의 위기를 극복하자는 전략이었다.

안철수 전 대표를 만나 문명적 변화를 이야기하면서 나는 이렇게 말했다.

"세상이 변하고 국민들이 엄청나게 진화하고 있는데 정당과 정치만 거북이 걸음이다. 격차가 커지고 있다. 총선을 앞두고 민주당이 이렇게 허약하게 있으면 집권을 할 수 있겠습니까. 국민들에게 다가가 신뢰를 회복해 위기를 넘어 총선에서 승리하고, 새정치민주연합이 집권하기 위해 문안박 공동체제로 대선 후보를 조기화하면 좋은 것 아닙니까?"

나는 안철수 전 대표가 당연히 제안을 받아들일 것이라고 봤는데, 그는 그렇지 않았다. 그래서 참 이상하다고 여겼는데, 결과적으로는 문재인 대표를 끌어내리거나 안 되면 당을 깨려고 했던 것이었다.

정치에 대해 이러쿵저러쿵 말들을 많이 하지만, 결국 정치는 '책임'이다. 안철수 전 대표는 이 점에서 매우 부족하다. 정당을 합치는 것도 깨는 것도 쉽게 한다. 반정치적인 행위이다. 짧은 기간 동안 가장 많은 창당과 합당, 탈당, 분당을 한 것이 안철수 전 대표일 것이다. 2014년에 새정치연합을 만들어 곧 새정치민주연합으로 합당을 하고 2015년 말 탈당한 뒤 2016년 총선을 앞두고 국민의당을 창당하고 대선에서 패배한 뒤 2017년 말 2018년 초에는 다시 분당해 바른정당과 합쳐 바른미래당을 만들었다.

2014년부터 5번이나 당을 만들거나 합치거나 쪼개거나 한 것인데, 이와 같은 결정의 저변에는 하나의 결사체로서의 정당을 너무 소홀히 생각하는 사고가 깔려 있다. 잘못된 결정의 대표적인 행태다. 결과적으로는 국민들도 안철수 개인의 유불리 판단에 따른 활용의 대상이 된 셈이다. 안철수 전 대표가 바른미래당을 창당할 당시 나는 "바른미래당은 그가 하는 정치의 정류장이지 종점이 아닐 것이다. 종점은 자유한국당이 될 것이다"라고 지적하기도 했다.

안철수 전 대표가 '문안박 공동체제'를 받지 않은 것이 결정적인 결정의 오류였다. 그가 이를 거부한 이유는 정계은퇴 아니면 단독으로 대권 후보가 되고자 하는 것이었다. 문재인, 박원순과의 경쟁을 거부하고 자신이 추대되기를 원했던 것이다. 그래서 '혁신 전당대회' 같은 엉뚱한 소리가 나왔던 것이다. 민주당을 통째로 먹겠다는 욕심이었다. 그게 안 되니 결국 탈당으로 이어진 것이었다. 유력한 대권 주자였던 그가 국민들에게서 지도자로서 거리가 멀어진 계기였다. 정치에 꿈이 있고 대통령이 목표라면 총선을 앞두고 스피커와 링을 확보했어야 했다. 그런데 자기만의 스케줄을 고집하다 잘못된 결정을 내린 것이다.

국민의당을 만든 안철수 전 대표는 2016년 총선에서 원내교섭단체를 만들어 제3당으로 부상하는 등 어느 정도 성공한 것처럼 보였다. 그런데 호남에서 민주당에 회초리를 들어서였던 것뿐이다. '용의 꼬리보다 뱀의 머리가 낫다'는 생각을 했겠지만, 이는 스스로 메이저리그에서 마이너리그로 강등되는 것을 택한 것이다. 민주당은 여전히 수권정당으로서의 가능성을 품고 있음에도 불구하고 제3당의 대장에 만족하고 만 것이다.

그때부터 안철수 전 대표는 위축되기 시작했다. 본인 중심의 협상과 게임에 더 깊이 빠져들고 말았다. 그가 다시 메이저리그로 돌아올 수 있는 자리는 보수 진영뿐이다. 그래서 바른정당과의 합당도 결정했을 것이다. 아마 지금은 야권이 심하게 흔들리기를 기다리고 있을 것이다.

자유로운 영혼 유시민

'책임'의 차원에서 정치를 이야기할 때 들여다봐야 할 또 한 명의 유력한 정치인이 있다. 바로 유시민 노무현재단 이사장이다. 유시민 이사장은 늘 한발 빠른 결정과 행동을 했지만 성공 확률이 높지는 않았다. '정치는 책임'인데 유시민 이사장은 이 점에서 정치적으로 몇 차례 잘못된 결정을 내렸다.

우선, 개혁당의 사례를 들 수 있다. 2002년 대선에서 이른바 '후단협'의 노무현 후보 흔들기가 심해지자 유시민 이사장을 중심으로 민주당 외곽에서 노무현 후보 지지를 위한 '개혁당'이 창당되었다. 당시 한나라당에 있던 김원웅 의원이 참여해 원내 정당이 되었고, 노무현 후보가 대통령에 당선된 뒤인 2003년에는 재보궐 선거에 유시민 이사장이 출마하자 고양 덕양갑에 민주당이 후보를 내지

않는 방식으로 밀어줬다. 그래서 유시민 이사장이 국회에 입성하게
되었다.

그런데 2003년 말 열린우리당 창당이 가시화되자 유시민 이사
장 등 개혁당 당권파는 개혁당 해산을 선언해버리고 열린우리당 창
당에 합류했다. 당시 개혁당은 인터넷 기반으로 의사결정을 하는
등 문명의 흐름에 맞는 요소를 일부 갖추고 있었고, 기존 정치권과
의 차별화를 원했던 개혁당 당원들 중에는 열린우리당 합류를 거부
하는 움직임도 거셌다. 창당만큼 해산도 신중해야 하고 어려운 법이
다. 그런데 개혁당 해산을 너무 쉽게 결정해버렸다.

국회의원이 된 유시민 이사장은 노무현 대통령에 대한 탄핵 정
국에서 활약하고 보건복지부 장관도 했다. 그러다 열린우리당이 깨
지고 2007년 대선에서 참패한 뒤 민주당이 지리멸렬해진 상황에서
2010년 노무현 정부 인사들이 주축이 된 국민참여당이 창당되었다.

창당의 명분이 없었던 것은 아니나 정당 정치로 봤을 때 내부에
서 개혁을 추진하지 않고 외부에서 진보정당을 일구겠다는 생각은
썩 잘한 결정은 아니었다. 게다가 국민참여당 경기도지사 후보로 나
서서 민주당 김진표 후보와 단일화 경선을 치러 승리했음에도 불구
하고 본선에서 김문수 후보에게 밀려 낙선한 것은 뼈아팠다.

2011년에는 국민참여당 대표도 하였으나, 재보궐 선거에서 실패
했고 민주노동당, 진보신당과 합당해 통합진보당을 창당했다. 그러

다 2012년 총선을 앞두고 통합진보당내에서 비례대표 후보 부정 경선 사태가 터지면서 다시 갈라져 정의당을 창당하기에 이르렀다. 창당 직후 유시민 이사장은 평당원으로 남아 있다가 2013년 정계 은퇴를 선언했고, 2018년에는 정의당 탈당까지 했다.

유시민 이사장 개인은 대단한 인물이지만, 국민들은 문제를 제기 하고 제기한 문제를 해결하는 사람에게 기회를 준다. 유시민 이사장 의 리더십은 주류의 리더십은 아니다. 노무현 대통령도 주류는 아니 었다. 오히려 비주류의 대명사 같은 인물이다. 노무현 대통령은 누 구보다 구태 정치에 대한 불만이 높았다. 끊임없이 흔들기를 당했 다. 노무현 대통령의 철학과 가치관에서는 당시 민주당은 매우 낡았 다고 생각했을 것이다. 그럼에도 불구하고 어쨌거나 민주당내에서 도전하고 승부를 봤다. 그래서 민주당 대선 후보가 되었고, 그게 발 판이 되어 대통령에 당선된 것이다.

유시민 이사장이 어떤 경로였든 민주당(열린우리당)에 합류했고, 보 건복지부 장관까지 지냈고, 중도에 포기했지만 당 대선 경선에도 참 여(2012년)했으면 민주당내에서 자신의 세력을 키우고 일가를 이루 어 대권에 도전했어야 했다. 그러나 본인이 참지 못해 계속 당 외곽 으로 돌고 말았다. 노무현 대통령과 마찬가지로 비주류의 리더십을 갖췄지만 당내에서 승부를 보지 못하고 외곽으로 돈 것이 '대통령으 로 가는 길'에서는 실책이었던 셈이다.

지금도 유시민 이사장은 유력한 여권 대선 주자로 호출되고 있다. 본인은 극구 손사래를 치고 있다. 만약 유시민 이사장에게 대권 도전 의사가 있다면 노무현 재단 이사장을 맡은 결정은 실책이다. 민주당이 본인의 마음에 들 건 안 들 건 들어와서 싸워야 공간이 생긴다. 노무현 대통령은 '져도 이기는 결정'의 달인이었다. 끊임없이 부산에 도전해 실패했지만 명분을 얻었고, 훗날 더 큰 성공의 토양이 되었다. 아무리 당이 마음에 안 들어도 박차고 나가거나 하지 않고 묵묵히 자리를 지켰기에 수많은 '친노'들을 만들 수 있었던 것이다.

　유시민 이사장에게 진짜 대권 도전 의사가 없다면 노무현 재단 이사장을 맡은 결정은 잘한 결정이다. 다만 국민들이 진정으로 열렬히 그를 호출해낸다면 거부하지는 않을 것 같다. 누군가 보쌈해간다면 발버둥을 치지는 않을 것 같다. 그러나 국민들이 열렬히 호출하고 민주당이 보쌈해가겠는가? 그것은 지켜봐야 할 일이다.

리더들의 아쉬운 순간

의지와 추진력 갖췄지만 기다리지 못한 이재명

'비주류 리더십'에 관해서라면 언급해야 할 주요 인물이 이재명 경기도지사이다. 이재명 지사는 탈당과 창당 합당 등 당 외곽에서 돈 인물은 아니다. 줄곧 민주당에서 정치를 하고 있지만 당내 선출직에 도전한 적은 없다. 8년 동안 성남지사를 하고 경기도지사가 되는 등 2010년 선거로 대중의 선택을 받은 뒤 12년 동안 지방자치단체에만 몸을 담게 되는 것이다. 당 중앙에서 활약할 기회가 없다. 당내에서는 비주류인 셈이다.

우선, 이재명 지사에게는 3가지 장점이 있다. 의지와 추진력이 대단하고, 상대적인 진보성도 갖추고 있다. 의지와 추진력은 일을 하는 능력인데, 이 부분에 있어서는 상당한 능력이 있다. 그런데 리더십 측면에서는 다소 아쉽다. 이재명 지사의 리더십은 새로운 시대에 걸맞은 리더십이라기보다는 고전적 리더십에 가깝다. 권력의지에 따른 추진력은 강하지만 통합적 리더십은 약하다.

지금 시대는 수평적 리더십의 시대이다. 문재인 대통령의 리더십이 선택된 이유는 문재인 대통령의 언어와 태도가 시대와 딱 맞아떨어졌기 때문이다. 이에 비해 이재명 지사의 경우 결정을 매우 과감하고 빠르나 통합적이지 못하다. 혼자 앞서 나가는 스타일이다. 쌍방향성 의사소통 능력을 갖춰야 하는데, 너무 앞서나가 스스로가 갇히는 경우가 많다. 결정의 속도는 좋으나 올바른 결정인지에 대해서는 늘 의문 부호가 붙는 경우가 많다.

이재명 지사가 소셜미디어를 통한 대중과의 의사소통에 능하다고 하지만, 형식적으로는 그렇게 보일지 모르나 내용적으로 수평적 리더십을 보여주는지에 대해서는 잘 따져봐야 한다. 이재명 지사는 결정의 속도가 빠르다고 했는데, 역시 소통의 속도가 빠르지만 내용은 일방적인 경우가 많다. 본인이 메시지를 던져 거기에 동의하지 않는 사람들에게는 공격을 가한다. 그래서 스스로를 가두게 되는 것이고 당 안팎에서 네 편 내 편 갈라치기가 이뤄지는 것이다.

이재명 지사의 의지와 추진력, 거기에 더해진 상대적 진보성은 과거 같았으면 장점으로 인정받았을 수 있었지만, 지금 시대에 맞는 리더십이라 보기에는 아쉬운 점이 많다. 성남시장 8년과 경기도지사 4년, 총 12년의 지방자치단체장을 하는 동안에는 수직적 리더십이 큰 탈 없이, 장점으로 작용하겠지만 수평적 리더십을 경험하지 못한 것이 큰 단점이 될 것이다. 이재명 지사의 앞날은 수평적 리더십과 공감 능력을 어떻게 확보하느냐에 달려 있다.

서울시장 3선의 명과 암 ———

이재명 지사가 자치단체장 12년의 경험 때문에 수평적 리더십을 학습할 기회가 없었다는 지적은 박원순 서울시장에게도 그대로 적용되는 이야기이다.

2022년 대선에서도 결국 '준비된 사람'이 선택 받게 될 것이다. 일과 경험을 통해 축적되는 내용물에 따라 '준비'의 질이 결정된다. 그 속에서 자신의 지향점도 생기고 콘텐츠, 노선, 리더십 등 모든 정치적 자산이 형성된다.

문재인 대통령은 노무현 정부 청와대에 입성하기 전 경력은 제외하고서라도 청와대 시민사회수석, 민정수석, 대통령 비서실장 등을 하며 국정경험을 했고, 정치에 뛰어든 이후에는 국회의원, 당 대표 등 중요한 정치적 포지션을 압축적으로 학습했다.

현재 여권 '대권 주자'라 불리는 인물들 중에서 이런 경험을 두루 한 사람은 유시민, 이낙연 정도이다. 이재명 지사와 마찬가지로 박원순 시장도 국회의원을 하지 않아 정당 정치를 본격적으로 경험해보지 못했다.

정당 안에서는 자고 일어나면 갈등이고, 내가 어느새 누군가의 대척점에 서있게 되고, 원만하게 해결해야 하거나 대립해야 하거나 하는 결정의 순간이 끊임없이 찾아온다. 대통령은 권력의 정점에 있어서 수직적 리더십이 필요한 것으로 오해할 수 있지만, 대통령직을 수행하기 위해서는 대한민국에서 가장 첨예한 갈등의 중심에 서야 한다.

대한민국의 대통령은 어느 정파의 리더가 아니라 대한민국 전체의 수장이기 때문에 통합적, 수평적 리더십이 그 어떤 자리보다 절실히 요구되는 것이다. 그래서 이에 대한 학습이 필요한데 지방자치단체의 수직적인 행정 리더십으로는 학습을 하는 데 한계가 있을 수밖에 없다. 그래서 지방정부 3선을 택한 것은 결정적인 핸디캡이다.

박원순 시장의 경우 2017년 대선 경선에 참가하지 않고 중도 포기한 것도 실책이다. 이재명 지사는 경선에 나서 중앙 정치 무대에 본인의 존재감을 부각시켰고, 어느 정도 대중적 세력도 확보할수 있었다. 박원순 시장은 쏜 화살에 스스로 맞았다. 박원순 시장은

　　　　　　　　　　　　　　　성공하는 결정, 실패하는 결정

2017년 초 문재인 후보를 향해 "문재인은 적폐 청산의 대상이지 적폐 청산의 주체가 될 수 없다"라고 공격했다. 누가 이 메시지에 동의를 하겠는가. 2017년 대선 레이스에서 박원순 시장은 여기서 결정적으로 무너졌다. 이와 같은 메시지를 주문한 정무 참모들의 의견을 거르지 못한 책임이다. 내부에서 누군가는 이 메시지를 걸러낼 수 있어야 하는데, 수직적 리더십이 일반화된 곳에서는 이를 거를 시스템이 부재한 경우가 많다.

자치단체장을 오래 하다 보면 자신의 결정과 정책 수용자인 유권자의 충돌만 있지, 내부적인 논쟁이나 대립 같은 '내부 충돌'이라는 게 별로 없다. 참모들이 이러저러한 안을 제시하면 조직의 장이 그중에 골라서 "이걸로 해보자"는 식의 의사결정에 익숙하지, 내부 충돌과 갈등 조정을 통한 의사결정 과정이 없다. 그러니 막상 선거에 임박해서 상대방은 훨훨 날고 있고 자기는 열심히 쫓아가는 불리한 상황에 몰리자 다급한 마음에 엉터리 메시지를 수용하고 만 것이다. 수직적 리더십에 의한 결정에 익숙한 사람은 허무하게 뚫리는 경우를 많이 봐왔다.

박원순 시장도 이와 같은 상황을 모르지 않았을 것이다. 나는 이재명 지사, 박원순 시장에게 "지자체 장을 대선의 발판쯤으로 여기는 것은 좋은 선택이 아니다"라고 조언하는 글을 페이스북에 올린 적이 있다. 그럼에도 불구하고 다시 '서울시장 3선 도전'이라는 선택을 한 것은 편안한 길을 택했기 때문인 것으로 보인다. 이재명 지사도 마찬가지이다. 만약 3선 도전을 하지 않았다면 2020년 총선까지 2년이라는 공백이 생기기 때문에 '쉬면 안 된다'는 생각이 더 강했을 것이다.

그러나 오판이다. 대권이라는 더 큰 길을 가기 위해서는 자신에게 부족한 정당 정치를 겪고 리더십을 새로이 함양하는 길을 선택했어야 한다. 스스로 험로에 뛰어들었어야 하는데, 이를 하나의 과정으로 생각하지 않고 '손해'라고 생각한 것이 오판의 이유 아닌가 싶다.

물론 박원순 시장의 개인적 철학과 소신을 인정하지 않는 것은 아니다. 박원순 시장의 경우 '서울시장'으로서 정책의 완결성을 추구했다고 볼 수도 있다. 그러나 서울시장을 본인의 정치 행로 종착역으로 삼지 않고 대권 도전 의사를 품고 있다면 더욱 신중하게 결정했어야 했다.

그런 결정은 정무 참모나 주변의 치열한 논쟁과 갈등을 통해 정립되는 것이다. 대권 도전 의사가 명확하다면 참모 중에는 서울시장 3선 도전 대신 국회의원 출마나 중앙당 진출과 같은 험로를 제시하고 이를 관철하기 위해 내부에서 치열하게 토론하고 관철시키는 의지를 보여야 했고, 박원순 시장도 이 논쟁에 참여했어야 했다. 그러나 수직적 리더십 하에서는 이런 논쟁과 충돌, 갈등 조정, 의사결정이라는 프로세스 자체가 일어나기 어렵다.

결국 박원순 시장 스스로에게 달려있다. 서울시장 3선 동안 쌓아온 경륜과 안정감은 다른 후보에서 찾기 어려운 경쟁력이다. 그렇다면 다시 필요한 건 한국 시민사회 운동의 새 지평을 열었던 과거의 박원순 정신이다. 시민사회 운동의 새로운 경지를 개척해낸 박원순 정신으로 스스로를 완전히 탈바꿈 해낸다면 유력한 주자가 될 수 있다고 본다.

아직 결정의 순간에 이르지 못한 여권의 유력한 신진 정치인들 ─────

지금까지 대권 주자로 전통적으로 거론되는 유력 정치인들의 결정 과정과 오류, 한계를 살펴봤다. 이제는 새로이 대권 주자 후보군으로 떠오르는 임종석, 김경수 등 여권 신진 유력 정치인들에서도 간단하게나마 살펴보고자 한다. 우선 '본인들이 직접 대선 레이스에 뛰어들지 않을 것'이라는 전제를 하고 싶다. 이들 모두 아직 선결해야 할 과제들이 많기 때문이다.

임종석 실장(편의상 '실장'으로 부르겠다)은 우선 정치 일선에 복귀해야 하는데 구도가 간단치 않다. 우선 가능한 정치적 계산은 핫한 지역구에 출마해 대선 주자급 상대 후보와 격돌해 이겨 단번에 대선 주자로 떠오르는 방법이다. 이를 위해 종로 출마를 생각했던 것 같다.

하지만 자신의 계산대로 상대 당이 대선 주자급 후보를 자신과 대진을 붙여줄 지는 알 수 없는 일이다. 상대 당으로서도 대선 주자로 부각되기 위해서는 민주당에서 더 무거운 중량급 인사와 맞붙길 원할 것이다. 임종석 실장이 링 위에 올라가서 '나와라' 해도 상대 후보가 안 올라오면 그뿐이다. 그렇다고 상대 당에 대선 후보들이 즐비해서 있어서 골라서 대진을 짤 수 있는 상황이 아니다.

무엇보다 지금은 이런 인위적인 '대권 주자 띄우기' 자체가 안 먹히는 세상이다. 국민들은 어색하게 느낀다. 나는 민주당의 전통적 취약 지역인 송파에 도전해 당선되었다. 물론 문재인 대통령의 인기에 힘을 입었지만, 과거 같았으면 매우 큰 성과였다. 하지만 그렇다고 해서 나의 정치적 볼륨이 커져서 단숨에 대권 주자급 인사로 떠오른 건 아니지 않나. 지금은 수평적인 소통의 세상이다. 여러 가지 사건들과 정보들이 자유롭게 유통되면서 정보의 거품이 거의 사라진 시대이다. 한 지역에서 한 번의 선거로 단숨에 점핑할 수 있다는 생각은 실패할 가능성이 매우 높다.

임종석 실장은 통합적 사고에 능하고 조정 능력도 있는 좋은 정치인이다. 문재인 대통령의 비서실장을 하면서 남북관계 진전 등 기여한 바도 분명히 있다. 그러나 그 업적은 대통령의 업적이다. 문재인 대통령도 비서실장 등을 했지만 이후 당 대표 등을 하면서 큰 리더십을 압축적으로 쌓게 된 것이다. 임종석 실장은 과거의 관행적 사고의 함정에 빠져서는 안 될 것이다. 과거에도 관행적 사고로 인해 결정적인 순간에 결정의 오류가 몇 번 있었다. 이번에야말로 보다 신중해야 할 것이다. 그리고 임종석 실장은 지난 11월 총선 불출마를 선언했다.

김경수 경남도지사는 당내에서 큰 지지를 받고 있기 때문에 대선 후보가 된다면 당내 지지자들에게는 엄청난 지지를 받고 가겠지만 일단 김경수 지사에게는 큰 변수가 있다. '드루킹 사건'이다. 드루킹 사건이 잘못 풀린다면 법적으로 아예 도전 기회가 박탈될 수 있다. 그래서 드루킹 사건이 잘 해결된다는 전제 하에 논지를 풀어보자.

우선 김경수 지사의 정치 경로를 복기해보자. 국회에서 보좌 업무를 하다 노무현 정부 청와대에 발탁이 되었고, 노무현 대통령 퇴임 후에도 김해 봉하마을에서 노무현 대통령을 보좌했다. 문재인 대통령과의 인연도 이렇게 시작되었다. 이때만 해도 선거 출마 의지는 없었으나, 2011년 김해 재보궐 선거를 기점으로 본격적으로 그에게 출마 권유가 시작되었다. 당시 국민참여당 이봉수 후보에게 양보하며 야권 단일화를 위해 출마를 포기했다.

이후 2012년 총선에 출마해 선전했지만 김태호 후보에게 아깝게 패배했고, 2014년 지방선거에도 경남도지사로 출마했지만 또다시 홍준표 후보에게 고배를 마셨다. 그러다 2016년 총선에 다시 출마해 '씨름 스타' 이만기 후보를 여유 있게 누르고 당선되어 비로소 초선 국회의원이 되었다. 그는 선거 도전 과정이 민주당에 불리한 영남이었고, 상대 후보가 다 기라성 같은 스타 정치인이었기에 대중의 큰 관심을 받고 팬덤을 형성할 수 있었다.

그런데 국회의원에 당선된 지 2년 만에 그만 두고 2018년 지방선거에 출마해 김태호 후보를 누르고 경남도지사에 당선되었다. 여기까지 오는 과정과 결정 모두가 당과 지지자들에 대한 헌신이었다. 매번 "국회의원 나갈 사람이 없다", "경남도지사 나갈 사람이 없다"는 요청에 응했지 본인이 욕심을 부린 케이스가 전혀 아니다. 만약 김 지사가 대권을 꿈꾸고 있었다면 어렵게 당선된 국회의원을 2년 만에 그만두고 경남도지사 선거에 나서지 않았을 것이다. 그가 대선에 나서기 위해서는 경남도지사도 임기를 채우지 못하고 3년 만에 중도하차해야 하는 상황이기 때문이다.

김경수 지사는 현명한 정치인이다. 자의식에 갇혀 주관적으로 판단하고 결정하는 스타일이 아니다. 만약 드루킹 사건이 잘 풀려도 본인은 조금 길게 여백을 갖고 판단을 할 것이라고 나는 확신한다. 당과 지지자들이 부여한 소명 때문에 국회의원을 2년밖에 못했지만, 경남도지사로서의 역할과 임무들은 잘 수행해 성과를 잘 내고 싶은 생각이 있을 것이다. 김경수 지사는 어디에도 치우치지 않고 냉철하고 현명하게 판단할 수 있는 사람이다.

주요 대권 주자들의 행보와 미래

'개문발차' 결정의 달인 이낙연

　지금까지 '수평적 리더십'과 '수직적 리더십'의 차이점을 설명했다. 아울러 문명의 시대에는 '수평적 리더십'이 필요하고 대중에게 선택받을 것이라고도 했다. 그리고 정치인이 전당대회나 총선, 대선과 같은 중요한 국면에 어떤 결정을 내려야 하는지도 정세균 전 국회의장의 사례를 통해 살펴봤다.

　이를 바탕으로 현재 자천타천으로 대권 주자로 불리거나, 그럴 잠재력이 있는 주요 정치인들의 리더십 스타일과 지난 정치 경험 속에서 어떤 결정을 내려왔는지 인물별로 살펴보고자 한다. 앞으로 유력 정치인의 행보를 지켜보는 데 도움이 될 것이고, 정치인 본인이 앞으로 어떠한 리더십을 갖춰야 할지 알게 될 것이다. 무엇보다 중요한 정치적 결정을 내릴 때 타산지석으로 삼을 수 있을 것이다.

최근에 이낙연 총리가 유력 대권 주자로 부상했다. 〈동아일보〉 기자 출신인 이낙연 총리는 4선 국회의원에 전남도지사를 했지만 모두 호남에서 한 것이다. 이낙연 총리도 대중적 에너지가 약한 사람이다. 그런데 문재인 정부에서 총리를 맡으며 안정적 이미지로 인해 대권 주자 반열에 오른 것이다.

이낙연 총리는 개인적 능력은 매우 뛰어난 인물이다. 특히 중요한 순간에서의 결정이 끝내주는 분이다. 이낙연 총리는 〈동아일보〉 기자를 하다가 새천년민주당에 영입되어 2000년 제16대 총선에서 전남 함평·영광에 당선되며 정계에 입문했다.

2002년 대선 때는 노무현 후보를 지지했고, 노무현 후보가 당선되어 취임하기 전까지 당선인 대변인을 맡기도 했다. 그런데 2003년 친노계가 민주당에서 갈라져 나와 열린우리당을 창당할 때 참여하지 않은 '잔류파'였다. 그렇게 민주당에서 원내총무를 하면서 남아 있다가 2007년 갈라져 있던 민주계가 다시 대통합민주신당으로 합당할 때는 김효석 의원과 함께 민주당에서 '선도 탈당'을 하면서 물꼬를 틀었다. 과감하고 좋은 결정이었다.

이후 4선 의원까지 하다가 2014년 지방선거에서는 갑자기 전남도지사 선거에 뛰어들었다. 전남도지사는 경선이 본선인데, 그런 만큼 당내 경쟁이 심하다. 게다가 4선 의원은 했지만 동아일보 기자에 국회의원만 한 이낙연 후보가 다른 후보에 비해 상대적으로 지역 기반이 약해 보였다. 그래서 이낙연 후보가 될 거라고 생각하는 사람들이 별로 없었다. 그런데 결정을 내리고 뛰어든 점이 인상적이었다.

이낙연 총리는 2002년 대선 때 노무현 후보 측 대변인을 하면서 '개문발차開門發車: 차문 열어둔 채 출발한다'라는 표현을 써 유명해졌다. 당시 후보단일화추진협의회(후단협)가 정몽준 후보와의 단일화를 압박하며 어수선할 때였는데, 후단협에서 압박을 하면서도 시간을 질질 끄니까 "승객이 다 안 탔어도 일단 출발하고 보자"라는 의미에서 개문발차라는 표현을 쓴 것이다.

이낙연 총리가 '개문발차'의 명수다. 2007년 대통합민주신당 만들 때도 모양이 다 갖춰진 다음에 합류한 게 아니라, 본인이 먼저 탈당해 신당을 주도했고 2014년 전남지사 출마할 때도 주변에서는 준비도 부족하고 가능성도 낮다고 의심할 때 본인이 과감하게 결정하고 뛰어든 것이다.

4선까지 했기 때문에 '물갈이' 분위기가 형성되면 지역구에서 5선까지 할 수 있다는 보장도 없었고, 인구감소로 이낙연 총리의 지역구가 계속 주변으로 확장되면서 영광이 고향인 이낙연 총리가 점점 불리한 상황으로 몰리고 있었다. 그래서 과감하게 도지사에 도전한 것이다. 반 박자 빠른 결정이었다. 2020년 총선을 앞두고도 그는 분명 '개문발차'할 것이다.

반 박자 빠른 훌륭한 결정으로 이낙연 총리는 4선 국회의원에 지방자치단체장을 하고 총리까지 되었다. 겉으로만 보면 대통령이 되기 좋은 이력을 갖춘 것으로 보이지만 결정적인 약점이 있다. 당내에서 선출직을 해본 경험이 거의 없다는 점이다. 개인의 역량은 아주 뛰어나지만, 당내에서 자신만의 세력을 만드는 리더십을 발휘해본 적이 없다.

노무현 대통령의 경우 선거를 같이 해보거나 어떤 일이든 일을 같이 해본 사람들은 그를 떠나지 않았다. 대표적인 인물이 안희정, 이광재 같은 사람들이다. 문재인 대통령도 그런 점에서 비슷하다. 함께 일을 하고 떠나지 않고 또 다른 시너지를 발휘하면서 주변에 사람들이 모이고 하나의 세력이 된다. 반면 이낙연 총리는 지금까지 개인의 역량으로 돌파해온 인물이다.

이낙연 총리가 지금 주목을 받는 것도 사실은 문재인 대통령의 초대 총리이기 때문이다. 문재인 대통령이 총리로 발탁하지 않았으면 지금 스스로의 힘으로 부각되지 못했을 것이라는 뜻이다. 하지만 그렇다고 주어진 기회 자체를 부정하는 것은 아니다. 지금 이낙연 총리는 아주 좋은 정세에 적토마를 탄 형국이다.

앞서 살펴봤듯이 이낙연 총리는 의외의 승부사 기질이 있고 그것도 '개문발차', 반 박자 빠른 결정에 능하다. 하지만 지금 이낙연 총리는 예상보다 총리직을 오래 수행하고 있다. 총리직에서 나와야 할 시간이 지나고 있다. 실패할 선택, 결정의 오류가 적은 정치인이기 때문에 그가 자기만의 독립적인 정치 세력을 구축하지 못했던 단점을 스스로 어떻게 극복할 것인지 지켜볼 만하다.

총선을 앞두고 황교안이 해야 할 3가지 결정 ——

이낙연 총리가 총선 상대로 자유한국당 황교안 대표를 호출할 것이라고 예상했다. 그렇다면 황교안 대표는 정치인으로서 어떻게 봐야 할까?

황교안 대표에 대해서 일각에서는 미국의 '네오콘'(신보수주의자)에 빗대 묘사하고는 하지만 나는 그렇게 보지 않는다. 황교안 대표는 보수 진영이 궤멸되며 보수 진영의 대안부재론 때문에 분열된 자유한국당이 일단 불러 쓰는 것이지, 황교안 대표 개인을 보수냐, 중도 보수냐, 수구냐 등의 이념적으로 구분하기 어려운 사람이라고 본다. 그렇기 때문에 그를 이념적 잣대로 평가해서는 안 된다. 게다가 정치 입문 자체를 '당 대표'로 했기 때문에 위험하다.

황교안 대표는 공안 검사를 하다가 검사의 정점이라 할 수 있는 검찰총장까지는 못 가고, 법무부 장관에 발탁되었다. 그러다 총리에 오르고 '최순실 사태'가 벌어지면서 대통령 권한대행을 했다. 그의 일생을 보면 인생 자체에 대중이 공감할 만한 '스토리'가 없는 것은 차치하고서라도, 순전히 자신의 '업무' 차원의 관점에서만 사회를 보는 존재였다.

자유한국당 전당대회에 나가 당 대표가 되기 전까지는 대중의 선택을 한번도 받아본 일이 없다. 모두 임명직이었고, 대통령 권한대행도 '최순실 사태'라는 전대미문의 상황에 따라 자동으로 임명된 것이었다. 하급직에 있을 때는 상관의 지시에 자신의 업무를 맞추고, 고위직에 있을 때는 상관으로서 지시만 하는 존재였다. 고민을 하고 결정을 할 일이 별로 없었다. 그러다가 보수 진영이 '최순실 사태'로 궤멸적 상황에 빠져들자 '호출'을 받아 자유한국당 당 대표로 불려간 것이나 다름없다.

본인 스스로는 지난 2017년 조기대선에 출마하는 것도 검토해봤을 것 같다. 그러나 패배는 불 보듯 뻔한 것이었고, 조기대선에 바로 출마하는 것이 어려웠을 뿐이지 다음 대선은 생각했을 수도 있다. 하지만 대중과의 괴리가 심하다. 장외투쟁을 한다면서 부산에 내려가 보여준 장면이 인상적이었다. 자유한국당 지지자들은 황교안 대표를 직접 만나게 되니 황교안 대표의 손을 부둥켜 쥐고 좋아하는데, 황교안 대표는 눈물을 훔치고 있었다.

본인 스스로는 자신을 '백마 탄 초인'처럼 위기에 처한 자유한국당과 보수 진영을 구원하기 위해 나타났고, 지지자들이 모여들어 열광을 해주니 감정이 복받쳐 눈물을 보인 것 같은데, 지지자들이 그렇게 좋아하며 모여드는 상황에서 눈물은 그 상황에 전혀 어울리지 않았다. 대중의 감정선과 본인의 감정선이 완전 다른 것이다. '나 홀로' 살아왔기 때문에 주변 상황과 다른 사람과의 교감이 안 되는 것이다.

또 한 가지 사례가 있다. 석가탄신일 기념식에 가서 '합장'조차 하지 않았다. 그가 독실한 기독교인이라고는 하지만 상대방에 대한 존중의 의미로 합장 정도는 예의의 차원에서 가능했다. 그런데 그것조차 하지 않은 것은 정치인으로서 아무 준비가 되어 있지 않다는 점을 보여준 것이다. 다른 종교를 사탄과 악마화하면서 자신의 종교적 신념을 지킨 것인데, 본인의 정체성에서 정치인보다 독실한 기독교인임을 먼저 내세운 것이다.

'나 홀로' 정치인은 결코 다수 대중의 호응을 얻을 수 없다. 지금은 석가탄신일의 이 한 장면이 별것 아닌 해프닝으로 보일 수도 있겠지만, 더 큰 국면에서는 이 장면이 '정치인' 황교안에게는 큰 상처가 되어 따라다닐 것이다.

자유한국당에는 황교안 대표를 보좌하는 전략가들이 이런저런 조언을 했을 것이다. 들리는 말로는 합장만 하라고 조언했다고 한다. 그런데도 그걸 안 했다. 정치권의 조언이든, 정치권 밖의 조언이든 황교안 대표에게는 잘 들리지 않을 것이다. 오랜 세월 공안 검사를 해오면서 자기가 중심이 되어서 살아왔지 상대방의 입장에 서본 적이 없는 사람이다. 그러다 내린 일생일대의 결정이 자유한국당 당 대표 출마였을 것이다.

그런데 그가 당 대표가 된 이후 짧은 기간에라도 문명적 변화의 시대에 맞는 리더십과 결정의 방법을 빠른 시기에 학습할 가능성도 낮다. 자유한국당이라는 집단의 정치 스타일 때문이다. 자유한국당은 전통적으로 대중을 대상화하는 데 익숙한 사람들이 전략통에 포진되어 있다. '이렇게 하면 이렇게 되고, 이렇게 하면 대중이 따라오고, 이렇게 하면 대중들이 갈라지고' 등등. 이런 '정치 수법'을 통해 여론을 조작하고 대중을 선동하는 행태를 수십 년 동안 해온 세력이다. 이런 수법이 습관화되어 있기 때문에 황교안 대표에게 좋은 학습의 기회가 없는 것이다.

황교안 대표는 특정한 시기가 되면 단번에 흔들릴 것이라고 본다. 그 시기는 2020년 총선 레이스가 본격화되면 나타날 것이다. 총선을 앞두고 당 대표로서 총선 방향과 전략을 세워야 한다. 특히 자유한국당의 경우 당 대표로서 공천권 행사의 문제가 불거질 것이다. 정치적 변수가 너무나 많다.

변수를 돌파하기 위해서는 자신의 신념과 철학이 있어야 하는데 황교안 대표에게는 이런 것이 보이지 않는다.

이런 국면이 찾아오면 황교안 대표는 다음의 세 가지 결정을 해야 할 것이다.

첫째, '박근혜 전 대통령의 그늘에서 벗어날 것이냐 말 것이냐.' 황교안 대표는 이른바 친박의 지지를 얻고 당 대표가 되었다. 그렇다고 해서 박근혜 전 대통령에 대한 태극기 부대의 입장을 그대로 안고 총선에 나서기는 부담스럽다. 본인의 필요에 의해 경계선을 왔다 갔다 할 가능성이 높다.

둘째, 자기 세력을 만들어야 한다. 조금 과장하자면 '황교안 당' 수준으로 만들어 가야 한다. 그런데 지금은 보수 세력이 궤멸된 상황에서 아무도 나서지 않는 가운데 유일하게 불려 나온 인물로서의 반사 이익을 누리고 있을 뿐이지 당내에 황교안 대표의 자기 기반이 있다고 볼 수 없다. 특히 총선 국면이 되면 자기 사람을 어느 정도까지 공천을 할 것인지가 매우 중요한 문제로 대두될 것이다. 이 폭을 결정해야 한다. 폭을 어느 정도로 할지가 문제이지, 일단 자기 사람 공천은 시도할 것이다. 이미 그런 사례도 있다.

2019년 4월 열린 국회의원 재보궐 선거에서 경남 통영·고성 지역구에 자신의 검찰 후배인 정점식 후보를 내세웠다. 정점식 후보는 황교안 대표가 법무부장관이던 시절 통합진보당 해산 청구 사건을 할 때, 법무부 TF팀장을 맡으며 주도적인 역할을 했던 최측근이다.

황교안 대표가 정치에 입문한 뒤에는 특보직도 맡았다. 통영·고성에는 오래전부터 준비해온 전 행정안전부 차관과 전 통영시장 같은 후보들이 있었다. 당초 정점식 후보는 이들에게 밀려 3위에 그쳤으나, 황교안 대표의 전폭적인 지원에 자유한국당 후보가 되었고 선거에서 당선되었다. 황교안 대표는 이 맛을 봤기 때문에 총선에서 최대한 '자기 사람 심기'를 시도할 것이다.

그렇다면 어느 지역에서 할 것인가. 여기에 아주 복잡하고 흥미로운 변수가 도사리고 있다. 자기 사람을 심어 당선을 시키기 위해서는 자유한국당에 유리한 지역에 내보내야 한다. 그런데 자유한국당이 유리한 지역은 대부분 현재 자유한국당 현역 의원이 있는 곳이다. 그래서 자기 사람을 심기 위해서는 현역 의원을 '컷오프' 시켜야 한다. 그 대상이 60~70명 될 것으로 본다.

여기서 흥미로운 포인트 하나는 자유한국당 현역 의원은 상당수가가 '친박'이라는 점이다. '친박을 어떻게 해야 하는가'를 결정해야 한다. 그래서 두 번째 결정도 첫 번째 결정과 연관된 복잡한 결정의 변수를 고려해야 한다.

게다가 '국회 선진화법' 충돌도 미묘한 변수다. 선거법 개정 '패스트트랙' 추진 과정에서 국회 선진화법이 발동되어 자유한국당 현역 의원 다수가 수사 대상이 되었다. 이 현역 의원들이 그대로 공천을 받아 출마하더라도, 수사를 받는 상황에서 선거를 치러야 하고, 당

　　　　　　　　　　　　　　성공하는 결정, 실패하는 결정

선이 되더라도 수사 결과에 따라 총선 직후에 대거 재보궐 선거가 치러질 수도 있다. 그러면 책임론에서 자유로울 수 없다. 변수의 퍼즐을 풀기 너무 어려운 상황이다. 황교안 대표 입장에서는 내부적으로 자기 사람을 심기 위한 공천 전략과 외부적으로 국회 선진화법 수사라는 복잡한 갈등 요인을 모두 고려해 판단하고 결정해야 한다. 판단이 틀리고 결정이 미뤄지면 내부 갈등과 혼란만 커지다 이도저도 아닌 상황이 될 가능성이 크다.

셋째, 갈라진 당을 더 갈라놓는 방법도 결정해야 할 일 중 하나다. 홍준표 전 지사가 2017년 대선에서 패배하고 이어 당 대표가 된 뒤 지역위원장 일괄 사퇴를 받아 50명을 물갈이했다. 지방선거에서 참패하고 물러난 뒤 김병준 비상대책위원장 체제가 들어섰는데, 그때도 일괄 사퇴를 받았다. 이렇게 되면 한 지역에 현역 의원이 있고 지역위원장이 따로 있는 상황도 생긴다. 바로 얼마 전까지 지역위원장을 한 사람이 세력을 갖고 있으면 사실상 한 지역에 전 지역위원장, 현 지역위원장, 현역 의원까지 3명이 경합하는 일이 생길 수도 있다.

총선이 먼 상황에서는 별 문제가 안 되지만 총선이 다가올수록 경쟁과 갈등은 극으로 치달을 것이다. '황교안 당'을 만들기 위해서는 자기 사람으로의 물갈이가 필요하기 때문에 이 과정을 피할 수 없을 것이다.

황교안 대표는 총선을 앞두고 이 3가지를 결정해야 한다. 총선 당 대표는 '죽느냐, 사느냐'의 싸움이다. 그래서 아무나 하는 것이 아니다. 과연 황교안 대표가 돌파할 수 있을까? 다시 한 번 이야기하지만, 나는 황교안 대표에게서 이를 돌파할 만한 어떠한 철학과 신념과 경험도 보지 못했다.

국민들은 현명하다

문명의 변화에 조응하고 그 키워드를 찾아낸 사람이 리더

　정치인으로서의 비전과 철학, 언어와 태도, 콘텐츠, 리더십을 국민들로부터 평가 받고 판단을 구하는 것이 정치이고 그 결과는 선거를 통해 나타난다. 몇 번을 강조했지만 아무리 선거에 의해 선출되었어도 자치단체장과 같은 수직적 리더십의 위치에 있어서는 이를 평가 받기 어렵고, 문명의 변화 시대에 맞는 리더십을 갖추기 어렵다. 또한 과거와 같이 특정 이벤트를 통해서 단숨에 도약하는 기획 정치의 시대도 아니다. 정당 정치가 발전된 선진국일수록 그런 수법은 통하지 않는다.

　미국에서도 역대 선거에 몇몇 부자들이 대통령 선거에 갑자기 뛰어들곤 했지만, 민주당과 공화당 양당을 제치고 성공한 케이스는 없다. 우리 현대 정치사의 역사 속에서는 군사 쿠데타에 의한 집권이 이어져 왔지만, 1990년대 문민정부가 들어선 이래 다시 쿠데타가 성공할 가능성은 제로다. 또한 사회 주체 간의 갈등이 첨예화되는 현대 사회일수록 국민들의 민도가 높아지고 정치인이게 검증될 수 있는 합당한 시간과 경험을 요구하게 된다. 유권자들의 감별 능력을 무시해서는 안 된다. 이는 진보개혁 진영에만 요구되는 덕목만도 아니다. 보수 진영도 마찬가지이다.

이명박 대통령도 갑자기 나타나지 않았다. 이명박 대통령도 국회의원을 했고 서울시장을 하면서 검증되었기 때문에 선택된 것이다. 박근혜 대통령도 박정희 대통령의 후광을 업고 바로 대권으로 직행하지 않았다. 국회의원으로 정치에 입문해 꾸준한 수련의 과정을 거쳤다. 당내 갈등으로 탈당을 한 경험도 있지만 자신의 세력을 키워가며 긴 시간을 버틴 끝에 결국 검증에 통과되어 대통령의 자리에 이른 것이다. 김대중, 노무현 대통령은 말할 것도 없다. 그 두 분의 인생 자체가 험난한 정치의 역정이었고, 굳이 애써 설명하지 않아도 국민들은 다 알고 있었다.

물론 정치적 셈법이나 분석법이 있고, 이를 무시해서도 안 된다. 거의 모든 정치인이 자기만의 계산법과 분석법을 갖고 있다. 그러나 이 또한 전체 정치의 과정으로 인식해야지, 이걸 전가의 보도처럼 믿고 휘둘러서는 국민들이 대번 수의 얄팍함을 읽어낸다. 100% 실패한다. '내년에는 자치단체장을 하고, 그 다음에는 당 대표를 하고 나면 대선 후보 반열에 오르겠지?' 이런 셈법으로 되는 것이 있을까? 자기만의 계산대로 된다면 누구나 다 대통령이 되었을 것이다. 하지만 현실이 그렇지 않다는 것을 누구나 알고 있지 않은가.

모두가 저마다의 계산을 하지만 단 한 사람만 대통령이 되는 이유는 있다. 그건 바로 시대의 흐름, 문명의 변화에 조응하고 그 키워드를 찾아낸 사람이라는 것이다. 시대를 읽는 통찰을 통해 필요하면 자기를 꺾고 잘라내고 스스로를 재탄생 시키는 과정을 거쳐야 한다. 이 과정이 자기 정치의 근간이 되어야 한다.

또 다시 강조하지만 문재인 대통령의 사례에서 시대적 교훈을 얻어야 한다. 문재인 대통령이 노무현 정부 청와대의 비서실장만 하고 말았다면 절대 새로운 시대의 리더로 호출되지 않았을 것이다. 그러나 거기 그치지 않고 국회의원에 출마하고 당 대표를 하는 과정에서 그 누구보다 시대의 흐름에 맞는 통찰과 리더십을 보여줬다.

그의 가치가 겸손과 소통 능력에만 있는 것은 아니다. 예순이 넘은 나이지지만 그 어떤 젊은 인사들보다 4차 산업혁명에 의한 기술 문명의 시대에 대한 관심과 이해가 높았다. 단지 기술에 대한 이해에만 그치지 않고, 그 변화를 정당의 변화에 접목시키기 위해 무척 애를 썼다. 민주당 정당사에서 새로운 문명에 맞는 정당으로 변화시키는 정당의 현대화를 이룩한 유일한 리더일 것이다. 60대 중반의 당 대표가 플랫폼 정당, 시스템 정당, 인재영입의 패러다임 전환을 속도 있게 추진해냈다. 그 과정에서도 지시하고 보고 받는 수직적 리더십이 아니라, 항상 토론을 통해 결정을 내리는 수평적 리더십도 십분 발휘되었다.

그의 삶과 성정 자체가 새로운 시대에 맞는 리더십을 갖추고 있기 때문에 정당 개혁을 이룰 수 있었고, 갑자기 찾아온 대선에서도 그 성과들을 인정받을 수 있었던 것이다. 자기 정치 셈법에만 관심 있는 정치인들이 도저히 따라갈 수 없는 부분이다. 그리고 그런 과정들이 자연스럽게 국민들에게 노출된다.

문재인 대통령이 집권 초 '100대 국정과제'를 발표하면서 한 말이 있다. 사람들은 잘 기억하지 못하지만 나는 아주 위대한 말이라고 생각하는 문장이 있다. "국민의 시대에서 국민이란 국민 개개인이 권력의 생성과 운영에 직접 참여하고 운영하는 주체이다." 여기서 왜 '국민 개개인'이라는 표현을 썼을까. 헌법에도 "모든 권력은 국민으로부터 나온다"고 되어 있는데 왜 '국민 개개인'이라고 했을까. 스마트폰 디지털 융합문명으로 대표되는 지금 시대는 모든 것이 '나'로부터 시작되는 문명이다. 예전에는 '우리 대통령'이었는데, 지금은 '나의 대통령'으로 가는 시대이다. 이는 이기주의, 개인주의와는 다른 개념이다. 뉴스를 소비할 때도 특정 언론사가 제공하는 뉴

성공하는 결정, 실패하는 결정

스에 갇히지 않고, 카카오톡 같은 개인화된 소셜미디어 등을 통해 나로부터 뉴스가 시작되고 내가 주체가 되어 뉴스를 소비하는 시대이다.

지금은 예전만큼 동창회, 동문회가 중요하지 않은 시대이다. 집단 속에서의 내가 아니라, 독립적이고 자유로운 개인의 정체성이 더 강한 시대이다. 그래서 '개개인'이라는 표현을 쓴 것이다. 이 시대의 문명 원리나 흐름을 제대로 인식하고 있는 증거이다. 권력의 주체를 '국민'이라는 광범위한 개념으로 퉁친 것이 아니라, 국민 개개인을 호명하며 권력 주체의 원천으로 삼은 것이다.

나는 이 부분이 가장 위대한 발견이라고 생각한다. 그런데 이런 개념이 우연히 그냥 어느 날 갑자기 나온 것이 아니다. 문재인 대통령은 2012년 정치에 입문해서 새로운 문명의 시대에 자신을 계속 새로 대입하고 재구조화하는 과정을 겪었기 때문에 이런 통찰이 생기고 철학으로 다져졌으며, 문명적 결정을 내리게 된 것이다.

정치를 하고자 하는 사람이라면 반드시 교훈을 얻어야 할 것이다. 시대는 계속 흐르고 문명적 변화는 앞으로도 계속 일어날 것이다. 그럼에도 불구하고 이 흐름을 읽고 자신의 재조정하기 위한 결정을 하지 않은 채 관행적 사고와 정치적 셈법에만 몰두하는 정치인이라면 반드시 도태되고 만다. 국민들이 선택하지 않기 때문이다. 국민들은 현명하다.